KB216621

오십에 만드는 기적

오십에 만드는 기적

중년의 삶을 완성하는 인생 도약

초 판 1쇄 2025년 03월 04일

지은이 정선희(사랑주니)
펴낸이 류종렬

펴낸곳 미다스북스
본부장 임종익
편집장 이다경, 김가영
디자인 임인영, 윤가희
책임진행 김요섭, 이예나, 안채원, 김은진, 장민주

등록 2001년 3월 21일 제2001-000040호
주소 서울시 마포구 양화로 133 서교타워 711호
전화 02) 322-7802~3
팩스 02) 6007-1845
블로그 http://blog.naver.com/midasbooks
전자주소 midasbooks@hanmail.net
페이스북 https://www.facebook.com/midasbooks425
인스타그램 https://www.instagram.com/midasbooks

ISBN 979-11-7355-101-7 03190

값 **19,000원**

미다스북스는 다음세대에게 필요한 지혜와 교양을 생각합니다.

중년의 삶을 완성하는 인생 도약

오십에 만드는 기적

정선희 지음

미다스북스

오십, 새로운 삶을 설계할 기회

우리는 흔히 오십을 '마무리'의 시기로 생각합니다. 하지만 정선희 작가의 『오십에 만든 기적』은 오십 이후의 삶이야말로 가장 뜨겁고, 가장 의미 있는 도약의 순간임을 증명합니다.

저자는 자신의 경험을 바탕으로 불안을 기회로 바꾸고, 행동을 통해 새로운 인생을 설계하는 방법을 제시합니다. 미라클 모닝, 운동 습관, 글쓰기 등 작은 실천이 어떻게 삶을 변화시키는지를 생생하게 보여주며, 이를 통해 누구나 새로운 시작을 할 수 있음을 이야기합니다.

이 책은 단순한 성공담이 아닙니다. 불안을 극복하고 성장할 수 있도록 돕는 현실적인 가이드로서 독자들에게 용기와 실행력을 불어넣어 줍니다.

오십 이후에도 충분히 새로운 도전이 가능하다는 희망의 증거인 바로 그 책이 『오십에 만드는 기적』입니다. 지금이 늦었다고 생각하는 모든 이들에게 가장 좋은 때는 바로 지금이라는 강력한 메시지를 전달합니다.

변화의 기회는 이미 우리 앞에 있습니다. 지금, 당신의 기적을 만들 시간입니다.

서미숙 작가 꿈꾸는 서여사, 꿈꾸는 부자여행 대표
『50대에 도전해서 부자 되는 법』, 『50대에 시작해도 돈 버는 이야기』,
『눈덩이 투자법』, 『새벽을 깨우는 여자들』, 그림책 『맘마가 뜨구와』

오십의 나이는 삶의 2막이 펼쳐질 때입니다. 누군가는 삶의 중후반기를 염려할 때 다른 누군가는 자아실현을 위해 나아갑니다. 『오십에 만드는 기적』의 저자 사랑주님은 현재 두 번째 인생을 살고 있습니다. 저자의 과거를 돌이켜봤을 때 회사가 삶의 중심으로 돌아갈 때가 있었습니다. 퇴근하고도 업무 생각에 잠을 못 이룰 때가 많았죠. 번아웃을 겪었습니다. 하지만 사랑주님은 자발적 퇴사 이후 충만한 나날을 맞이하고 있습니다. 직장인 시절에 고생했던 불면증을 미라클 모닝으로 치유했습니다. 새벽은 성장을 위한 시간이 되었습니다. 글쓰기와 운동과 자기계발을 즐기며 자기 자신을 위한 2막의 시간을 보내고 있습니다. 저도 미라클 모닝을 하는 사람입니다. 미라클 모닝을 하다 보니 새벽을 생산적으로 보내게 되었습니다. 새벽은 외부의 훼방 없이 자기 자신에 집중할 수 있는 시간입니다. 미라클 모닝의 영향은 새벽으로 그치는 게

오십에 만드는 기적

아닙니다. 기분 좋은 시작의 감정은 내내 하루와 함께합니다. 저자는 그러한 사실을 분명하게 본인의 경험담으로 잘 알려주고 있습니다. 저자의 변화 과정이 진솔하게 담겨 있어서 자신의 경우를 대입하다 보면 술술 읽을 수 있습니다.

실전적인 조언도 잇따릅니다. 예를 들어 저자가 알려주는 패스 쿠폰 전략은 정말 힘들 때마다 사용할 수 있는 한 장의 쿠폰을 활용하는 방식입니다. 패스 쿠폰은 단 하나만 있으니 함부로 쓰기 힘듭니다. 대신 한 번쯤 쉬어도 된다는 마음의 여유를 동반합니다. 동시에 패스 쿠폰은 단 한 번뿐이라는 희소성 때문에 허투루 쓰지 않으려는 의지도 공존합니다. 이런 양립된 마음으로 넉넉하게 꾸준한 실행을 반복할 수 있던 겁니다. 그 외에도 본서에는 달리기, 브랜딩 블로그 노하우, 온라인 모임 활용, 목표를 세우는 방법, 긍정적 습관 등 실천적인 전략 등이 서술되어 있습니다.

인생의 중년기를 맞이할 즈음이면 때때로 막다른 골목에 들어선 듯한 느낌이 들 때가 있을 겁니다. 절망과 희망이 교차할 수 있는 그 시점은 변화를 선택해야 할 순간입니다. 『오십에 만드는 기적』은 삶에 변화를 만들 수 있는 작은 실천을 깨닫게 합니다. 기적은 멀리 있지 않습니다. 희망은 습관에서 비롯됩니다. 언제든 우리는 습관을 새롭게 구축할 수 있는 존재입니다. 오십은 새로운 시작을 꿈꿀 수 있는 나이입니다. 1년마다 새로운 일 몇 가지에 도전할 수 있습니다. 해마다 새롭게 변화를 선택한다면 앞으로의 잠재력 또한 무궁무진합니다. 그 시작은 거창한 것에 달려 있지 않습니다. 지금부터 작은 변화를 시작해 보세요.

임진강 작가 데미안
『처음으로 공부가 재미있어졌다』

누군가의 책을 추천하는 것은 그 사람의 인생을 추천하는 것입니다. 사랑주니님을 처음 만난 것은 블로그 이웃인 비티오님 소개였습니다. "교수님, 자녀들과 소통을 잘하는 아주 멋있는 분이 제주도에 사시는데 소개해 드리고 싶어요!" 사랑주니님이 우리 집으로 놀러 왔습니다. 첫인상은 웃는 모습이 너무 이쁘고 열정과 긍정적인 밝은 모습이었습니다. 그 후 제가 운영하는 미라클 가족 세우기 모임에도 적극적으로 참여했습니다. 추진력과 실행력으로 제주에서 처음으로 미라클 가족 세우기 모임을 개최하였습니다.

사랑주니님은 지금 새벽을 깨우는 '미라클 주니' 모임의 리더로서 삶을 살고 있습니다. 우리의 공통점이 미라클·기적입니다.

오십에 만드는 기적

이 책은 평범한 직장인이요. 주부였던 한 사람이 미라클한 삶을 창조하는 이야기입니다. 그녀의 이야기 Her Story는 수많은 기적을 생산하며, History가 되어 독자들에게 감동을 선물해 줄 것입니다. 이 책은 중년기 오십 이후 자신의 삶을 주인공이 되어 멋진 살고 싶은 모든 분에게 추천합니다.

함께 기적을 만들어 봅시다.

조남희 작가 (전)건양대 교수, Joy행복상담원장
『오늘부터 자아실현 꽃피우자!』

"나이 오십 되면 콱 죽어버려야 해."

"네? 무슨 말이에요?"

"조선 시대에는 평균 수명이 오십도 되지 않았어. 지금이 오래 사는 거지. 오래 살아서 뭐 하나? 인생이 고달프기만 하다."

오 년 전, 오십이었던 회사 선배와의 대화였다. 그때는 그 말이 너무 충격이었다. 그의 말이 도통 이해되지 않았다. 그는 회사 경력 이십 년이 넘었고, 자녀는 잘 자랐다. 모든 면에서 문제가 없어 보였는데, 왜 그런 말을 했을까?

"지금 행복하지 않으세요?"

"아니, 나는 행복했던 적이 없어."

"네? 집도 회사도 잘 되시잖아요."

"삶 자체가 문제야."

당시 그 말을 이해할 수 없었다. 어떤 말도 덧붙이지 못했다. 그로부터 몇 년 후, 그 말을 했던 그 자리에 내가 서 있었다.

"아… 내년이면 내 나이 오십이야. 이젠 죽을 때가 되었어."
"네? 무슨 그런 말씀을 쉽게 하세요?"
"사는 게 늘 이럴 텐데, 지금처럼 계속 살아서 뭐하나."

그때의 나처럼, 후배는 내 말을 듣고 당혹스러운 표정을 지었다. 그 후배가 느낀 충격은 사 년 전 나와 비슷하겠지. 선배가 했던 말이 그제야 이해되었다.

그 말을 했던 선배는 승진해서 이사가 되었고, 여전히 회사를 잘 다니고 있다. 그런데도 왜 그런 말을 했을까? 나는 왜 그와 같은 말을 하게 된 걸까? 나 또한 열심히 일하고, 부서의 팀장으로 인정받았다. 내 삶도 그와 크게 다르지 않았다.

그런데 오십이 되고 눈을 뜨니 보였다. '내가 하는 일이 나와 맞지 않구나.'라는 사실을. 그가 말한 삶의 무게와 공허함을 나도 똑같이 느꼈다.

"먹고살려면 어쩔 수 없지. 하던 일을 꾸역꾸역하는 거야. 그렇게 하다 보니 여기까지 왔어."

회사는 나를 지탱하게 해줬지만, 어느새 내가 매달리고 있는 건 뜨거운 열정이 아니라 식어버린 의무였다. 그 공허함이 내 안을 서서히 채워가자 결심했다. '나는 그분처럼 살지 않을 거야.'

인생은 내 뜻대로 되지 않았다. 인생의 저울은 늘 한쪽으로 기울기만 했다. 회사에서 안정되면 가정이 불안했고, 가정이 안정되면 회사에서 힘들어졌다. 그때 나의 삶은 단순했다. 회사에서는 일, 집에서도 회사일, 아니면 집에서 누워있기. 동선은 단순했지만, 머릿속은 복잡했다.

혼자 있는 집이 왜 그리 쓸쓸했을까? 오십이 넘어가면 모든 것이 안정될 줄 알았지만, 오히려 더 큰 불안이 찾아왔다. "사는 게 늘 이럴 텐데."라고 말하던 내게 변화 없이는 안 된다는 절박함이 밀려왔다. 죽기만큼 싫은 일을 지속할 수 없었다. 그때, 용기를 내어 퇴사를 선택했다. 세상이 온통 나를 적대하는 것처럼 느껴졌다. 회사에 얽매인 삶을 살고 싶지 않았다. 인생의 주도권을 찾고 싶었다.

퇴사 후 내 인생은 서서히, 분명히 변하기 시작했다. 오십 평생 나를 옭아매던 불면증이 마침내 사라졌다. 도저히 믿기지 않았다. 매일 밤이면 어김없이 찾아오던 걱정과 불안의 그림자, 뒤척이던 침대 위의 고통이 더는 없다. 그동안 얼마나 지쳐 있었는지, 얼마나 이 잠을 원했는지. 침대에 누우면 평온한 마음으로 스르르 잠에 빠져든다. 깊은 잠을 자고

오십에 만드는 기적

아침에 눈을 뜨면, 기적이란 말 외에는 설명할 수가 없었다. 이제는 아침을 기다린다. 밤도 더는 두렵지 않다. 새벽이 오는 시간이 평화롭기만 하다. '오늘은 또 어떻게 버틸까?' 하던 나의 시간은 끝났다. 오십이지만, '죽고 싶다.'라는 생각에 사로잡히지 않는다. 하루를 간신히 견디며 살아가는 삶도 아니다.

오히려 세상이 다시 보인다. 평범한 일상이 새롭고 아름답게 느껴진다. 걸을 때마다 바람이 얼마나 상쾌한지, 하늘은 얼마나 푸르고 맑은지, 예전엔 느끼지 못했던 것들이 가슴에 와닿는다. '행복하다.'라는 말이 입안에서 맴돌다가 어느새 혼잣말로 터져 나온다. "행복하다!" 그 말이 내 마음 깊은 곳에서 우러나온다. 하루하루가 신난다. 어제와 같은 일상이지만 새롭다. 무의미하게 흘려보내던 시간이 아니다. 이제는 의미 있는 시간이 나를 살게 하고, 나를 변화시킨다. 이런 삶을 살게 될 줄이야. 지금의 나는 내가 꿈꾸던 미래에 한 걸음 더 가까이 가고 있다. 더는 늦지 않았다. 마침내 내가 원하는 나의 삶을 만나고 있다.

2024년은 내 인생에서 가장 커다란 전환점이었다. 그렇게 바랐던, 그러나 불가능하다고 느꼈던 변화가 일어났다. 그 변화를 직접 경험한 나는, 당신에게 그 이야기를 전하고 싶다. 나는 특별한 사람이 아니다. 주변에서 흔히 볼 수 있는, 평범한 중년의 내가 기적을 경험했다. 당신도,

당신의 삶에도 충분히 기적이 찾아올 수 있다. 나는 해냈다. 당신도 해 낼 수 있다. 이 책이 당신의 첫 번째 변화의 시작이 되기를 두 손 모아 소망한다. 그 시작을 함께할 당신에게, 진심으로 용기를 전하고 싶다. 오늘까지 묵묵히 살아내느라 애쓴 당신에게 이 마음을 보내고 싶다.

오십에 찾아온 혼란은 누구나 겪을 수 있는 시련이다. 그러나 그것을 어떻게 바라보고, 어떻게 하느냐에 따라 새로운 도전을 할 수도, 좌절할 수도 있다. 사람들은 오십이 되면 인생의 정점이 지나갔다고 생각한다. 나는 오십이야말로 진짜 나를 발견하고, 다시 시작할 기회의 시기라 믿 는다. 당신의 인생이 실패한 것 같다는 생각으로 좌절하지 않았으면 한 다. 이제 자신을 위해 사는 법을 배워야 할 때다. 이 책은 혼란과 좌절로 가득했던 시간을 도약의 발판으로 삼아 새로운 길을 여는 법을 제시한 다. 누구도 피해 갈 수 없는 오십의 시간, 지금을 어떻게 활용하느냐에 따라 삶은 완전히 달라질 수 있다. 오십 이후의 삶은 자신에게 가장 중 요한 가치를 찾는 시간이다. 이 책이 당신에게 '다시 시작할 수 있다.'라 는 용기와 자신감을 전해줄 수 있기를 바란다. 괜찮다. 지금까지 잘해왔 다. 이제는 당신을 위해, 당신이 진짜 원하는 삶을 시작할 시간이다. 내 가 당신 곁에서 함께하겠다.

1장

오십의 반란

평범한 삶을 뒤집어라

변화하지 않는 것이 더 큰 위험이다
지금 당장 내 인생을 바꿀 선택을 하라

안정은 없다, 도전만이 답이다

"인생은 돌이켜 보았을 때 이해할 수 있다.
그러나 인생은 앞을 보고 살아야 한다."

- 키르케고르

"언니야, 월급이 독 있는 열매 같아. 먹을 땐 달콤하지만, 먹고 나면 몸이 썩어가는 느낌이야. 가끔은, 회사가 승진을 미끼로 내 인생을 갉아 먹고 있는 듯해."

삶이 버거웠다. 매일 퇴근길에 울었다. 빨개진 눈으로 집에 바로 들어가지 못해 집 근처 놀이터에서 울다가 집에 들어가는 날이 많았다.

오십이 되면 모든 것이 제자리를 찾고, 편안한 삶을 살 줄 알았다. 아이들은 자라고, 자산은 어느 정도 쌓이고, 회사에서도 자리를 잡아 안정된 삶이 기다릴 것이라 믿었다. 하지만 2023년 12월 마흔아홉, 2024년

1월 오십을 울면서 맞이했다. 내 인생이 이렇게까지 부서질 줄 몰랐다. 평생 가장 절박했다.

나는 끈기가 없다. 한 회사에 십 년 넘게 다니는 사람들을 보면 대단하다는 생각이 들었다. 지금까지 난 몇 군데 회사를 이직했고, 평균 재직 기간은 오 년을 넘지 않는다. 오십이 되던 2024년에도 퇴사를 했다. 내 인생 마지막 퇴사다.

이번에 퇴사한 회사는 십사 년 전, 둘째를 출산한 후 입사한 곳이다. 중소기업이었지만 이전 회사 경력을 인정받았고, 여성이 임원인 회사라 언젠가 내게도 승진의 기회가 올 것이라는 기대도 있었다. "애 엄마라서 안 돼."라는 말을 듣기 싫어 더 열심히 했다. 퇴근 후에도 아이들을 재운 뒤 업무를 이어갔고, 주말에도 회사와 관련된 연락이 오면 즉시 처리했다. 부여된 일을 빈틈없이 해내려 했다. 그래서인지 남들보다 승진이 빨랐다.

하지만 첫 승진 때만 기뻤을 뿐, 승진할수록 업무는 몇 배로 늘어나고 야근은 더 잦아졌다. 전화가 울리는 환청에 시달릴 정도였다. 회사에 업무 분배를 요청했지만 받아들여지지 않았다. 되려 맡아야 할 일만 계속 추가되었다. 상사와 갈등이 심해졌다. 점점 예민해져서 가족에게 짜증을 내는 날이 많아졌다.

오십에 만드는 기적

회사에서 큰 프로젝트를 시작했던 적이 있다. 나는 TF팀에 발탁되었다. 말이 TF팀이지, 기존 업무에다가 TF 업무까지 추가로 해야 했으니, 업무 부담은 점점 가중되었다. 야근은 일상이 되었고, 자정 넘어 퇴근하는 일이 보통이었다. 새벽까지 일하는 날도 많았다. 그렇게 늦게까지 일해도 다음 날 출근은 아홉 시였다. 야근해도 별도의 수당은 없었다. 회사에서는 일당백을 요구했고, 업무 분장은 형식적일 뿐이었다. 잘하는 사람이 모든 일을 도맡아야 했다. '멀티플레이어' 이것이 회사가 원하는 인재였다.

입사 초반에는 회사가 원하는 인재가 되고 싶어 업무가 추가로 부여되어도 거부감 없이 다 받아들였다. 승진할수록 멀티플레이어는 어떤 상황에서도, 모든 일을 해야 하는 덫이 되어 버렸다. 퇴근 후에도 회사 연락이 없으면 오히려 조마조마했다. 현장에서 발생한 문제를 놓치고 있는 건 아닌지, 핸드폰을 여러 번 확인하기도 했다. 마음 편할 날이 없었다.

어느 날, 남편에게 회식이 잡혔다. 내가 일찍 퇴근해 아이들을 돌보기로 했다. 퇴근 무렵, 상사가 거래처에서 요청하는 자료가 있다며 처리하고 가라는 지시를 내렸다. 며칠 후에 제출해도 되는 자료였지만, 상사는 다음 날 출근 즉시 1차 안을 보고 싶다며 퇴근했다. 당시 열한 살이던 첫째에게 둘째와 함께 저녁으로 사발면을 먹으라 연락하고, 계속해서 일했다. 어느 순간 고개를 들어보니 아홉 시였다. 주위엔 아무도 없고, 사무실에는 나 혼자였다.

"엄마 통화해도 돼요?"
"응, 뭔데? 빨리 말해."
"주희가 엄마 보고 싶다고 울어요."

첫째가 전화로 조심스레 물어본다. 첫째는 동생이 울어 난감한 와중에도 엄마 일하는데 피해 줄까 눈치를 봤다. 동생이 울었을 때 바로 전화하지 못하고 혼자서 달래다 안 되어 연락한 거였다.

"일이 다 안 끝났어. 주희를 잘 달래서 조금만 기다리라고 해봐."
"엄마, 그래도 계속 울어요. 지금 오시면 안 돼요?"
"아. 정말! 동생 달래는 것도 못 해?"
"네. 알았어요…."

내가 짜증을 내자 첫째는 힘없이 전화를 끊었다. 서둘러 1차 자료를 작성하고 택시를 탔다.

"요즘 엄마들 맞벌이로 힘들지요."

택시 기사님에게 사정 얘기를 하고, 빨리 가달라고 부탁했더니 그분이 건네던 말이었다. 마음이 급해 그때는 그 말이 귀에 들어오지 않았다. 집에 도착하자, 둘째는 나에게 안겨 울음을 그쳤다. 첫째는 뒤돌아서 몰래 울었다. 그제야 택시 기사님의 말이 떠올랐다. 서러움이 밀려왔다.

"현준 엄마, 현준에게 표창장 줘야 해."

"표창장이라니 무슨 말이에요?"

"현준이가 유치원 버스에서 내리는 동생을 업고 다니던데. 땀을 뻘뻘 흘리면서도, 동생에게 노래 불러 주는 걸 봤어."

"네? 현준이가요?"

"몰랐구나. 세상에 그런 오빠가 어디 있니? 엄마가 아들에게 표창장 줘야지."

아들이 그런 줄 몰랐다. 아들에게 물어보니, 초등학교 사 학년인 아들은 유치원 버스를 타느라 멀미로 힘들다는 동생을 매일 업어줬다고 했다. 계단을 올라 집에 도착할 때까지 업고 다녔다고 했다.

"엄마, 저는 괜찮아요. 주희 울 때가 더 힘들어요. 제가 업어 주면 울지 않거든요."

"주희가 투정 부릴 때 달래 주느라 제 장난감을 준 적도 있어요. 그때는 조금 속상했지만, 동생이니까 괜찮아요."

아들의 이야기에 가슴이 뭉클해졌다. 동생을 챙기며 사이좋게 지내는 아들이 기특하면서도, '아직은 어린아이에게 부담을 준 건 아닐까?' 하는 생각에 마음이 아팠다. 그때 아들은 어떤 마음이었을까?

"주니야, 주희 유치원에 네가 데려다줬어?"
"언니, 무슨 말이야?"
"집에 갔더니 주희가 없어."
"내가 출근할 때까지 주희는 집에서 TV 보고 있었어."
"너희 집에 갔더니 없더라. 너희 아파트 근처를 다 돌며 찾아봐도 주희가 보이지 않아."

그날은 남편이 새벽 출근하고 나는 회사에 급한 문제가 생겨 아침 일찍 회의가 잡힌 날이었다. 할 수 없이 언니에게 딸의 유치원 등원을 부탁했다. 난 출근 전 혼자 있는 딸에게 TV를 틀어주고 집을 나왔다. 그런데 회의 끝날 때쯤 언니에게서 전화가 왔다. 딸아이가 집에 없다는 언니의 말, 그 말을 듣고도 상황이 이해되지 않았다. 집에 있어야 하는 아이가 없다는 게 무슨 말인가?! 순간 머릿속이 하얘지고 몸이 얼어붙어 버렸다. 주희가 사라졌다.

오십에 만드는 기적

언니는 약속보다 십 분 늦게 우리 집에 도착했다고 한다. 언니에게 약속을 지키지 않았다고 소리 질렀다. 하지만 그럴 때가 아니었다. 숨을 길게 내쉬며 생각을 가다듬었다. 언니에게 유치원 버스 타는 장소 앞 가게에 가서 주희를 봤는지 물어보라 하고, 나는 아파트에 사는 친한 엄마들에게 연락해 물었다. 가게에서도, 엄마들도 주희를 보지 못했다고 했다. 마지막으로 유치원에 연락해야 했다.

"안녕하세요, 선생님, 주희가요···."
"네. 어머니, 주희 지금 잘 놀고 있어요. 무슨 일 있으세요?"

사라진 주희는 유치원에 있었다. 담임 선생님이 상황을 알아보니, 주희 혼자 유치원 버스를 탔다고 했다. 그 말을 듣는 순간 온몸이 와르르 무너지는 것 같았다. 마음이 놓이는 동시에 가슴이 거칠게 요동쳤다. 오랫동안 숨을 참았다가 겨우 숨을 들이마신 것처럼, 안도감과 두려움이 뒤엉켜 긴장을 풀지 못했다. 가슴이 요동쳤다. '주희 혼자서 버스를 탔다고? 어떻게? 그 작은 아이가 나도 모르게?' 머릿속이 복잡했다. '만약 나쁜 일이 생겼다면 어쩔 뻔했을까?' 끔찍했다. 언니에게 괜한 화가 났다. 누구라도 탓하지 않으면 버틸 수 없을 것 같았다. 가장 미웠던 건 나였다.

"뽀로로 다 끝났는데 이모가 안 왔어."

"엄마 전화번호가 생각 안 나서 울었어."

"이상한 아저씨가 문 열고 들어올까 봐 무서웠어."

"이모가 오지 않으니까 나 혼자 유치원 버스 타러 갔지."

급히 회사 일을 마치고 조퇴해 유치원으로 달려갔다. 주희는 엄마가 일찍 왔다고 반가워하면서도 아침에 있었던 일을 얘기하며 엉엉 울었다. TV가 꺼지고 집이 조용해지자 어찌할 바를 몰라 유치원 버스 타는 곳까지 혼자 걸어갔다고 했다. 여섯 살 아이가 얼마나 무서웠을까 싶어 속이 상해 눈물이 나올 뻔했지만, 꾹 참고 웃으며 안아줬다.

딸을 달래며 단둘이 시간을 보내고 있는데, 아들로부터 다급한 목소리로 전화가 걸려왔다.

"엄마, 어떻게 해요? 큰일 났어요! 주희가 유치원 버스에서 내리지 않았어요. 버스 선생님은 주희가 버스를 타지 않았다고 하셨어요."

"주희는 지금 나랑 같이 있어."

"우왕!"

아들은 주희가 유치원 버스에서 보이지 않아, 사라졌다고 생각해 혼자서 찾으러 다녔다고 했다. 그 당시 아들에게는 핸드폰이 없었다. 합기

오십에 만드는 기적

도 학원에 있을 시간이어서 사범님께 전화해, 엄마가 주희를 데리러 간다는 내용을 아들에게 전달해달라고 부탁했다. 그 내용이 제대로 전달되지 않았던 거다. 집에 도착해 아들에게 사범님의 말을 제대로 듣지 않았다며 엄청 화를 냈다.

"죄송해요. 제 잘못이에요. 제가 학교에 늦게 가야 했나 봐요."
"이모 오기 전까지 주희 혼자서 울고 있을까 봐, 계속 걱정했어요."

아들은 무서운 아저씨가 집에 와서 주희를 데려가는 상상을 했고, 버스에서 내려야 할 주희가 보이지 않자 그 상상이 현실이 된 것만 같아 두려움에 사로잡혔다. 심장이 쿵쾅거리고 숨이 잘 쉬어지지 않았다고 했다. 그 공포를 혼자서 감당했을 아들을 생각하니 가슴 아팠다. 우리 세 명은 부둥켜안고 서로에게 미안하다고 말하며 울기만 했다.

나는 남편과 퇴근 문제로 자주 다투곤 했다. 남편은 영업직이라 갑작스러운 술 약속이 자주 생겼고, 나는 여섯 시 퇴근이 어려운 날이 많았다. 오후에 남편과 통화할 때마다 늘 하는 첫마디가 "애들은 어떻게 하지?"였다. 애들이 문제가 되었다. 남편에게는 답답한 감정이 쌓여만 갔다. 그게 아이들에게는 짜증으로 표출되었다.

"언니야, 회사에서 내게 승진에 대한 대가를 강요하는 기분이야."

"언니야, 어제는 새벽 3시에 퇴근했고, 오늘도 야근했어. 일이 끝나지 않아. 버스에서부터 눈물이 멈추지 않아서 지금 집에 들어갈 수가 없어."

"언니야, 요즘 매일 부부 싸움이야. 주희는 퇴근하면 매달려서 떨어지지 않아. 현준이가 놀러 가고 싶은 곳이 있다고 했는데 바빠서 못 간다고 했어. 아무 말도 없이 눈물만 흘리네."

언니에게 하소연하며 하루하루를 버티다, 결국 오 년이 되었을 때 퇴사했다.

아이들이 어릴 때 맞벌이 부부에게는 누구나 육아의 어려운 시기가 찾아온다. 주변에는 육아 휴직이 어려워 십 년 넘는 직장 경력을 포기하고 퇴사한 엄마들도 있었다. 당시에는 육아 휴직이 제도적으로나 분위기로나 쉽지 않던 시절이었다. 나도 아이들을 키우느라 퇴사 후 경력 단절을 겪어야 했다.

둘째가 두 살이 되던 해 다시 일을 시작했지만, 그 시간은 내게 쉽지 않았다. 특히 중소기업에서는 육아 휴직을 신청하는 것조차 큰 용기가 필요했다. 눈치가 보이고, 신청하더라도 복귀를 장담할 수 없었다. 실제로 내 동료 중 한 명은 육아 휴직을 신청한 뒤 끝내 복직하지 못하고 퇴사하게 되었다. 당시 나는 그 동료와 같은 선택을 할 수도 있었지만, 회사에 육아 휴직을 요청하는 것 자체가 왜 그리 치사하게 느껴졌는지 모르겠다.

지금 돌아보면, 당시 나는 왜 그렇게 모든 것을 혼자 짊어지려 했는지 의문이 든다. 지금의 나라면 어땠을까? 조금 더 당당하게 내 권리를 주장했을까? 사실, 이 질문들에 대한 답을 지금도 명확히 알지는 못한다. 다만 한 가지 분명한 것은, 육아와 경력을 동시에 지키려는 부모들에게는 사회적 지지와 이해가 절실하다는 점이다. 시대가 변하며 중소기업도 육아 휴직을 제도화한 곳이 많아지고 있지만, 여전히 많은 곳에서 눈치와 압박감을 이겨내야 한다. 우리 사회는 더 많은 부모가 육아와 경력을 함께 이어갈 수 있도록 제도적, 문화적 지원을 아끼지 않아야 한다. 이는 개인의 문제가 아니다. 모두가 함께 해결해야 할 과제다.

이제 당신에게 질문을 던지고 싶다. 비슷한 상황에 놓인다면 어떤 결정을 내릴 것인가? 중요한 것은 옳고 그름이 아니다. 당신 자신을 지키고, 가족과 함께 성장할 수 있는 길을 선택하는 것이다. 힘들 땐 주변의 도움과 지지를 요청하길 바란다. 당신은 혼자가 아니다. 당신이 가는 길을 응원하고 싶다.

퇴사 후의 두 얼굴

- 행복과 후회 사이에서

"이 세상에 태어나 우리가 경험하는 가장 멋진 일은
가족의 사랑을 배우는 것이다."
- 조지 맥도날드

퇴사 후, 삶의 여유를 기대하며 백수 생활을 시작했다. 그때는 행복했지만, 그 행복이 평생 이어지지는 않았다. 다시 입사하게 되었으니 말이다.

"엄마 퇴사해도 될까?"
"왜요? 엄마 일하세요. 일하는 엄마 좋아요."
"엄마가 이번에 한 달간 휴가를 받았어."

평소에도 아들은 일하는 엄마를 자랑스러워했다. 하지만 진짜 속마음은 어땠을까? 퇴사 소식을 바로 말하지 못한 건, 나도 이 결정이 정말 옳은지 확신이 없었기 때문일지도 모르겠다. 그래서 한 달간 휴가라고만

오십에 만드는 기적

말해두었다. 그렇게 한 달이 지나고 마지막 날 아침 아들이 물었다.

"엄마, 오늘 슬픈 날이에요."
"왜?"
"내일부터 엄마가 다시 출근하잖아요."
"아. 맞다. 오늘이 휴가 마지막 날이구나."
"그것도 몰랐어요?"

아들이 휴가 날짜를 세고 있다는 사실에 마음이 무거워졌다. 예상치 못한 상황이었다. 그날 저녁 아들과 마주 앉아 다시 이야기를 나눴다.

"오늘 회사 가서 사직서 냈어. 한 달 동안 너희와 같이 있었더니 정말 좋더라. 계속 이렇게 지내고 싶어서 그만뒀어."
"네? 진짜예요?"
"응. 진짜야."
"이제 회사 안 가신다는 거죠? 맞죠? 정말이죠? 우와! 너무 좋아요!"

아들의 얼굴에 가득 찬 기쁨을 보고 나도 웃음이 났다. 그런데 이상했다. 아들은 그동안 일하는 엄마를 좋아하지 않았던 걸까?

"현준아, 너는 일하는 엄마를 좋아하지 않았어?"

"사실… 저는 엄마가 회사 안 가시는 게 좋아요. 그런데 친구들의 부모님이 맞벌이한다고 하길래. 그게 당연한 줄 알았어요. 지금 거짓말 아니죠? 저는 정말 좋아요! 이제 제가 주희 돌보지 않아도 되는 거죠?"

그날 아들의 말을 아직도 잊을 수가 없다. 아들이 숨겨왔던 진심이 나를 놀라게 했다. 어쩌면 퇴사는 나만을 위한 결정이라 생각했지만, 사실은 아들에게도 필요했던 선택이었다.

그날부터 우리는 정말 행복한 시간을 보냈다. 아이들과 함께하는 모든 순간이 소중했다. 아이들과 아무 때나 놀러 다녔다. 여름 방학이 되면 아침부터 저녁까지 수영장이나 바다에 가서 매일 놀았다. 겨울 방학에는 눈썰매를 타러 갔다. 새로 생긴 재미있다는 곳은 다 다녔다. 아이들이 가고 싶다는 곳은 어디든 갔다. 온종일 놀아도 이상하게 피곤하지 않았다. 백수가 되면서부터 아이들에게 온전히 집중할 수 있었다.

"엄마, 오늘 개학하고 선생님께서 여름 방학 동안 뭘 했는지 질문하셨거든요. 그때 다들 저만 쳐다보는 거 있죠. 친구들은 방학 동안 학원 다니느라 얼굴이 더 하얗게 되었는데요. 저만 까맣다는 거죠. 하와이 다녀왔다고 했어요. 다들 믿더라고요. 하하."

오십에 만드는 기적

여름방학 내내 바다에 가서 놀았더니, 개학 후 반 친구 중에 첫째만 얼굴이 타서 생긴 에피소드였다.

"엄마, 내일 학교 끝나고 현지하고 수영장 가도 되지? 오늘 학교에서 현지가 수영장 가고 싶다고 하길래 우리 엄마는 데려다준다고 말했어. 현지 엄마는 일하느라 바빠서 평일엔 학원에 다니라고 한대. 우리 엄마는 내가 하고 싶은 걸 하게 해준다고 했지. 현지가 엄청나게 부러워해."

둘째는 친구들에게 언제든지 수영장이나 어디든 갈 수 있다며 자랑하고 다녔다.

비 오는 날에는 우산을 갖다 주고, 아이들이 아프면 학교에 데리러 갔다. 결석하는 날은 집에서 같이 뒹굴었다. 친구들이 매일 집으로 놀러 와도 되고, 친구와 헤어지기 싫다고 하면 집에서 자고 가도록 했다. 엄마가 집에 있으니 아이들이 원하는 건 전부 다 할 수 있었다.

"엄마, 친구들과 놀러 갈 거예요. 데려다주실 수 있어요? 우리 엄마는 다 해준다고 했죠. 친구들이 엄마가 멋있다네요"
"엄마, 친구들은 중학생이 되면서 부모님과 말을 거의 안 한대요. 제가 엄마와 대화를 자주 한다고 했더니 애들이 놀라요."

첫째가 중학생이 됐을 때는 언제든 편하게 부탁해도 되는 엄마가 되었다. 첫째가 사춘기여도 우리 사이의 대화는 끊이지 않았다.

"엄마, 친구들이 우리 집에 와서 놀자고 하길래. 우리 엄마는 괜찮다고 했어."
"엄마, 친구들이 엄마가 바뀌었으면 좋겠다고 하는 거 있지. 우리 엄마는 화도 안 내고, 친절하다고 했어."

낮가림이 심한 둘째가 초등학교 입학할 때 잘 적응할지 걱정이었다. 의외로 둘째는 매일 친구들을 집으로 초대했고 자신 있게 어울렸다.

"엄마가 다른 엄마들과 좀 다른가 봐요. 아까 친구들이 놀러 왔을 때 엄마가 차려 주신 점심을 먹고 애들이 놀랐어요. 엄마 음식 맛있다고 하면서, 친구들에게 음식을 챙겨 주신 엄마가 좋다고 했어요. 정수가 제일 부러워했거든요. 부모님이 맞벌이라서 늘 혼자 밥을 시켜 먹는다고 하더라고요. 우리 엄마 최고래요. 엄마가 해주신 밥이 특별하다는 생각이 들었어요. 엄마 고마워요."

일하는 동안 식사를 제대로 챙겨 주지 못한 미안한 마음을 보상이라도 하듯 매 끼니 음식을 했다. 요리 실력이 늘어가니 그 또한 재미있었다. 우리 가족은 매일 저녁 함께 시간을 보냈다. 무엇이든 할 수 있는 엄마, 아이들과 잘 노는 엄마가 되었다. 아이들에게 마음의 여유가 생겼다. 웃음이 넘치는 가족이 되었다. 우리는 그렇게 행복했다.

시간은 빠르게 흘렀고, 백수 생활이 어느새 사 년째로 접어들었다. 남편의 수입만으로는 4인 가족의 생활을 유지하기에 부족했다. '다시 일을 시작해야 하나? 지금 행복한 시간을 포기해야 할까?' 마음이 복잡했다. 아르바이트도 해봤지만, 아이들과 보내는 시간을 줄이는 건 쉽지 않은 결정이었다. 결국, 다시 일자리를 찾아야 했다. 자신 있는 분야에서 다시 구직 활동을 시작했다. 이력서를 여러 곳에 제출하고, 면접도 몇 번 봤다. 나이가 많다는 이유로, 혹은 원하는 경력과 맞지 않는다는 이유로 거절당했다. 사십 중반이라는 나이에 이직이 어렵다는 현실을 뼈저리게 체감했다. 자존감이 떨어졌다. 그때 이전에 퇴사했던 회사에서 재입사 제안을 받았다. 익숙한 곳에서 다시 시작할 수 있다는 안심과 함께 복잡한 감정이 밀려왔다. 나는 다시 같은 회사로 돌아갔다.

그 시절, 육아 휴직할 수 있었던 공무원이나 선생님 직업을 가진 친구들이 몹시 부러웠다. "여자에게는 공무원이 최고야, 선생님이 안정적이야."라는 부모님 말씀이 어릴 적에는 틀에 박힌 조언으로 들렸다. 반항심에 다른 길을 선택했지만, 삶이 버거울 때는 '어른들 말이 틀리지 않구

나. 내가 부모님 말씀을 들어 공무원이 되었더라면….' 하고 여러 번 후회했다. 하지만 그렇다고 해도, 내가 했던 퇴사를 후회하지 않는다. 아이들이 어릴 때 함께했던 시간은 무엇과도 바꿀 수 없는 내 인생에서 가장 값진 순간이었다. 그 시간이 있었기에 나는 여유와 나만의 삶이 얼마나 중요한지 배울 수 있었다.

만약 당신이 퇴사를 고민하거나 육아로 인해 쉬고 있다면, 그 시간을 무엇으로 채울 것인가? 지금, 당신은 인생에서 가장 중요한 시기를 보내고 있다. 이 시간을 어떤 의미로 채울지는 오직 당신에게 달려 있다. 만약 내가 시간을 돌이켜, 그 시절로 돌아간다면 나에 대해 더 많이 배우고 공부하며 준비할 것이다. 그렇다면 두 번째 시련을 조금 더 단단하게 이겨낼 수 있었을지도 모른다.

하지만 중요한 것은 후회가 아니다. 그 시간을 통해 내가 배운 것, 그 배움을 통해 앞으로 내릴 선택이다. 삶은 크고 작은 고민의 연속이다. 하지만, 당신 자신을 잃지 않고 성장해 나갈 수 있기를 바란다. 그 여정 속에서 당신이 내린 모든 선택은 당신만의 값진 이야기가 될 것이다.

오십에 만드는 기적

나를 되찾아라! 멈춘 시간을 깨우는 법

"회사가 전쟁터라고? 밀어낼 때까지 그만두지 마라. 밖은 지옥이다."

- 윤태호, 『미생』, 북이십일

　재입사를 결정했을 땐, 중간에 퇴사하지 않고 끝까지 있겠다는 굳은 마음이었다. 마흔이 넘은 나이에 시도했던 이직이 쉽지 않기 때문이다. 예순이 넘어도 계속 일할 수 있다면 그곳에 남아 있겠다는 각오가 있었다. 더 흔들리지 않고 자리를 지키겠다는 강한 마음이었다. 생은 예측을 불허한다고 하지 않던가. 뜻대로 되지 않았다. 처음은 순조로웠지만, 시간이 지나면서 과거에 겪었던 문제들이 도돌이표처럼 되풀이되었다. 그럴 때마다 마음 깊은 곳에서 무언가 조금씩 금이 가는 듯했다. 나의 계획과는 다르게 흘러가는 현실 앞에서 계속 발을 헛디디는 느낌이었다.

　"지금은 냉동 인간입니다. 굳어 있으니 잘 부탁드려요. 돈 벌러 다시 돌아왔습니다."

　재입사 첫 출근, 예전에 같이 일했던 직원들이 반겨줬지만, 익숙한 듯하면서도 모든 게 낯설었다. 긴장해서 인사를 어떻게 했는지 기억이 잘 나지 않는데, 저 말만은 아직도 선명하게 남아 있다. 몸과 마음이 더 굳어 버렸다. 정신없이 재입사 첫날이 지나갔다. 다음 날 업무 분장표를 받고, 업무에 바로 투입되었다. 했던 일이지만 모든 것이 어색했다. 사년이라는 시간 동안 분위기가 변했고, 업무처리 방식이 바뀌어 있었다. 인수인계 절차가 없었다. 기존에 하던 일을 계속 넘겨받았다. "했던 일이니 잘 아시죠?" 이 말이 부담으로 다가왔다. 쉬는 동안 동료와 후배였던 직원이 직급은 같고 나보다 경력자가 되어 있었다. 편하게 물어볼 수가 없었다.

"저희는 그렇게 처리하지 않아요."
"지금은 법이 바뀌어, 그렇게 하면 안 돼요."

　내 발언에 대해 돌아오는 말들이 불편하게 들렸다. 사 년 동안 같이 일하며 사이가 돈독해진 그들에게 어색하고 눈치 보는 상황이 되었다. '빨리 적응해야겠다.'라고 마음먹었다. 그때부터 선배, 후배 가리지 않고 모르면 다 물어봤다. "했던 일인데 모르세요?"라는 말에 개의치 않았다. 모른다고 인정하며 가르쳐 주라고 다가갔다. 자잘한 업무에도 열의를 쏟았다. 퇴근 후에도 혼자 남아 업무 파악을 했다. 거래처에 인사하며 복귀 소식을 알렸다. 직원 한 명 한 명에게 먼저 말을 걸며 유대관계를 쌓아갔다. 일이 조금씩 눈에 보였다.

그 이후, 다른 직원들이 어려워하는 현장 소장을 대하는 일에 내가 전담으로 배치되었다. 그 소장이 사무실에 왔던 날, 나와 미팅하고 조용히 가셨다.

"와, 소장님이 소리 안 지르고 조용히 가셨어요."
"어떻게 대화하셨어요? 미팅하는데 별일 없었어요?"

직원들이 신기하다며 물어봤다. 나만의 방식으로 미팅했고, 소장님은 만족해서 가셨다. 나를 바라보는 시선이 달라졌다. 그날부터 일에 적응할 수 있었다. 해동하는 소리가 들리는 듯했다.

"역시 잘하네."
"말귀를 잘 알아들어서 좋다."
"하던 일이니 현장에서 발생한 문제 바로 처리할 수 있지?"

상사가 말한 의도를 파악했다. 업무 지시가 아닌 가벼운 이야기 속에서도 속에 담긴 의미를 잘 알아들었다. 그에 따른 행동을 했다. 상사는 마치 기다렸다는 듯이 나를 찾았다. 업무 파악할 시간도 없이 다른 일들이 추가되었다.

재입사해서 일 년에서 이 년은 재미있었다. 경험을 해봐야 실력이 늘기 때문에 성장의 기회라고 여겼다. 처음에는 하나, 그다음에는 둘, 그다음에는 네 개의 업무가 한 번에 들어왔다. 그래도 정말 열심히 일했다. "적응하는 시간을 배려해 주세요."라는 말을 하기 싫었다. "나이 들어서 다시 일하려니 어렵지?"라는 말도 듣고 싶지 않았다. 당연하다는 듯이 더 많은 일이 내게 쏟아졌다. 애매하게 떠도는 업무가 나에게 넘어왔다. 이유는 '잘하니까.'란다. 야근하는 날이 늘어났다. 그때는 사 년을 쉬고 복귀해서인지 힘들지 않았다.

그러던 중에 코로나 팬데믹이 한창인 시기가 닥쳐왔고, 회사와 집만 반복하다 보니 시간이 금방 갔다. 코로나 팬데믹을 직격으로 맞은 업종에서는 정리해고가 매일같이 일어나 심각한 분위기라는 뉴스가 항상 흘러나왔고, 뉴스를 볼 때면 그나마 나는 다행이라고 생각했다. 코로나에 걸려 격리되었을 때도 전화와 메일로 일 처리를 다 했다. 내가 자리에 없어도 문제가 되지 않도록 했다.

오십에 만드는 기적

그 와중에 나도 코로나에 걸렸고, 완치 후 후유증이 있었다. 한 달 동안 피로감, 어지러움, 집중력 저하 증상이 있어도 쉬지 않고 출근했다. 일이 계속 바빴다. 오 년에서 십 년 된 경력자 몇 명이 퇴사하면서 그 일이 추가로 넘어왔다. 입사한 직원들은 회사 분위기를 파악하는 데 시간이 걸렸고, 그때까지는 내가 관장을 해야 했다. 업무 부담이 날이 갈수록 커졌다. 업무 분장 의미가 없어졌다. 상사가 원하면 내 업무가 되고 그렇지 않으면 다른 직원의 일이 되기도 했다. 기존 경력 직원이 줄어들고 신입 직원이 많아져 회사 내 분위기가 어수선했다.

해마다 11월부터 다음 해 3월까지는 연말 마감 업무와 거래처 재계약 준비로 바빴다. 2022년 1월 1일은 출장 중인 부산에서 새해를 맞이했다. 2023년 1월에는 새벽에 퇴근하는 날이 많았다. 그때까지도 '내가 조금만 더 잘하면 괜찮아질 거야.'라고 나를 다독였다. '신규 직원이 적응하면 상황이 나아질 거야. 회사가 조금씩 변화하고 있으니 나중에는 편해지겠지.'라는 믿음을 유지했다. 또 다른 경력자가 퇴사하고, 새로운 직원이 들어오는 상황이 반복되었다.

2023년 11월부터는 거래처와의 재계약과 새로운 프로젝트로 인해 업무량이 폭발적으로 증가했다. 이번 프로젝트는 새로운 업무 프로세스를 만들어야 하는 일이었다. 서로 간 협업이 필수적이었고, 그 과정에서 예상치 못한 문제가 끊임없이 발생했다. 모두가 자정까지 야근하고 퇴근 후 집에서 일하기도 했다. 주말에도 출근해 밀린 일을 처리해야 했다. 2024년 1월과 2월에는 새벽 퇴근이 일상이 되었다. 육체적으로도 정신적으로도 지칠 대로 지쳐갔다. 끝이 보이지 않는 업무가 쏟아지는 가운데 매일매일 문제 해결에 급급한 상황에서 점점 더 깊은 좌절감에 빠져들었다. '얼마나 버틸 수 있을까?' 이런 생각이 머릿속을 맴돌았다.

"정 차장과 일하려면 대기표가 필요하겠어."

나와 같이 일하는 상사로부터 들은 말이다. 그날도 나는 여러 건의 업무 일정 조율로 정신이 없었기 때문에, 상사조차 내 상황을 눈여겨봤던 것 같다. 이후 다른 분들에게도 나의 업무 상황을 설명하며 기한을 조정해달라고 요청해 줬다. 거래처와 직접 통화할 때도 "정 차장이 숨도 못 쉴 정도로 바쁘다."라며 양해를 구해 줬다. 이러한 배려는 분명 고마운 일이었지만, 동시에 회사의 업무 분장이 제대로 되지 않았다는 근본적인 문제는 해결되지 않았기에, 그 점에 대한 불만은 점점 커졌다. 하루하루가 전쟁과도 같았다. 문제는 알면서도 어떻게든 버티는 것 외에는 방법이 없었다. '이대로는 안 된다.'라는 생각이 들었지만, 그 생각을 행동으로 옮길 여유조차 없었다.

오십에 만드는 기적

"매일 정 차장님만 찾으시네요."

"출근하면 정 차장! 심심하면 정 차장! 화가 나면 정 차장! 온종일 정 차장!"

동료들은 내 상황을 안타까워하며 말했다. 경력자들의 퇴사로 신입 직원과 소통에 어려움을 겪는 상사의 마음은 이해되지만, 내 업무는 점점 과부하 상태에 이르렀다. 내가 바쁠 때 상사가 팀원들에게 직접 업무 지시를 하면, 팀원들은 그 지시를 제대로 이해하지 못해 혼란에 빠지기도 했다. 그때마다 상사는 화를 냈다. 나는 당황하는 팀원들을 챙기느라 더욱 소진되어 갔다. 상사의 잦은 호출로 나의 피로는 한계에 다다랐다.

"차장님, 바쁘실 테니 천천히 검토 부탁드려요."

"차장님께 도움 되고 싶은데 잘 안 돼서 속상해요."

"차장님, 질문 있는데요. 바쁘시니까 시간 괜찮으실 때 불러 주세요."

팀원들은 항상 내 상황을 배려하며 조심스럽게 다가왔다. 내가 바빠 보이면 질문을 미루고, 설명이 길어지면 미안함을 표했다. 우리는 서로에게 힘든 내색을 하지 않으려 애썼다. 그들이 나를 믿고 따르는 만큼 그들을 지켜주고 싶었다. 현실은 그리 쉽지 않았다.

"차장님도 저도 너무 지쳐서 그만두면 어떻게 하죠?"

"차장님은 괜찮으신 거죠? 차장님이 무너지면 저도 무너져요."

팀원들이 이렇게 털어놓을 때마다, 마음이 무너져 내렸다. '나는 어떻게 해야 할까?' 퇴근 후 팀원과 통화하며 괜찮다고 말하고 전화를 끊었던 날, 차 안에서 눈물이 터져 집으로 바로 들어가지 못했다.

"차장님은 힘들지 않으세요? 몸이 버텨 주나요? 저는 왜 안 버텨질까요?"

"주말에도 출근하고, 또 집에서도 일하고… 도돌이표예요. 차장님도 힘드신데 저도 더 버텨 보려고요."

"현장에서 일하시는 분이 힘들다고 전화가 왔어요. 제가 그 힘든 목소리에 공감되어 펑펑 울었어요. 정말 힘들어요. 티 내지 않으려 했는데 체력이 따라주지 않고, 일도 줄어들지 않아요."

팀원들의 말이 하나둘 내게 쏟아졌다. 그들에게 해줄 수 있는 게 없다는 현실이 더욱 가슴 아팠다. '나는 이들을 위해 무엇을 할 수 있을까? 그들에게 도움이 되려면 어떻게 해야 할까?' 매일 고민했지만, 회사의 벽은 너무 높았다. 그 벽을 뚫지 못하는 내가 싫었다. '팀원들을 지키지 못하는 내가 팀장으로서 자격이 있는 걸까?' 내 역할에 회의감이 들었다.

오십에 만드는 기적

'이 상황이 반복되지 않게 해야 하는데….' 그들을 위해 무엇을 할 수 있을지 진지하게 고민했다. '이 상황을 바꾸려면 나부터 변화해야 하지 않을까?' 이 질문에 대한 답을 찾기 위해서라도 앞으로 나아가야만 했다.

당신은 어떤가? 오십이 되면 모든 것이 안정되리라 생각했는가? 나처럼 뜻밖의 전환점 앞에서 흔들리고 있는가? 인생은 예상치 못한 모험과 도전을 우리에게 던진다. 변화가 쉽지 않다는 것을 잘 안다. 나도 얼마나 많은 고민과 망설임 속에서 헤맸는지 모른다. '이게 정말 나에게 맞는 걸까? 실패하면 어떡하지?' 수많은 질문이 나를 붙잡아 움직이지 못하게 했다. 하지만 가만히 있는 게 더 무서운 건 아닐까?' 시간이 흘러도 아무것도 달라지지 않는다면, 그때의 후회가 더 큰 상처로 남는다.

몸이 보내는 마지막 경고를 들어라

"그간 우리에게 가장 큰 피해를 끼친 말은,
'지금껏 항상 그렇게 해왔어.'라는 말이다."
- 그레이스 호퍼

"기차 시간이 되려면 아직 시간이 남네요. 뭘 할지 생각 중입니다."
"아까 검토했던 문제점 분석하면 되죠."
"그 시간 동안 일하라고요? 차장님 일 중독이세요?"
"네? 일 중독이요? 무슨 말을! 전혀 아니에요!"

출장 갔을 때, 일 끝나고 동료와 나눴던 대화다. 그때는 일 중독이라는
사실을 전혀 몰랐다. 일 중독에 대해 진지하게 생각해 본 적이 없었다.

"주니야, 너 일 중독 같아."
"아냐, 난 중독에 빠져본 적이 없어."

"너와 대화하면 거의 일 얘기나 회사 얘기만 해. 그런 얘기 말고는 할 말이 없는 거야?"

자주 연락하는 친구가 걱정하며 해준 말이다. 그때도 부정했다. 일에만 몰두하는 게 나쁜 건 아니라 생각했다. 하지만 그 말이 머릿속을 떠나지 않았다. '정말 일에 중독된 걸까?' 아니라고 부정해도, 매일 반복되는 두통과 끝없는 생각들은 내가 무너지고 있다는 신호를 보내고 있었다. 퇴근 후에도, 주말에도 온통 회사 생각뿐이었다. 삶의 모든 순간이 일과 얽혀 있었다.

매일 밤 회사에 대한 꿈을 꿨다. '사고가 터지는 꿈, 여기저기서 나를 찾는 꿈, 컴퓨터 화면에 엑셀이 가득한 꿈, PPT를 만드는 꿈까지.' 밤에도 매일 출근을 반복하는 기분이었다. 쉴 새 없이 떠오르는 생각들이 나를 옭아매는 굴레처럼 느껴졌다. 불안과 상념에 사로잡혀 잠들지 못하는 날이 많았다.

아침에 눈을 뜨면 가장 먼저 떠오르는 건 회사 일이었다. '어제 회사에서 있었던 일, 어제의 실수는 없었는지, 오늘 처리해야 할 업무는 무엇인지, 팀원들의 상태는 괜찮은지, 상사에게 보낸 보고서에 수정할 것은 없는지…' 일에 관한 생각이 멈추질 않았다. 머릿속을 계속 짓눌렀다.

시간이 지나면서 몸은 한계에 다다랐다. 회사에서 받는 압박감은 나를 조금씩 무너뜨렸다. 회사가 나를 덮치는 거대한 쓰나미 같았다. 두통이 매일 생겼다. 머리 한쪽에서 시작된 날카로운 통증이 마치 전기 고문처럼 번져 나갔다. 눈까지 찌르는 듯한 고통이 느껴졌다. 병원에서 MRI까지 찍었으나 특별한 이상은 없다고 했다. 스트레스 때문이라는 의사의 말과 함께 처방된 진통제가 전부였다. 이런 상황이 계속되면서 두통을 더욱 악화시켰다. 울분이 큰 날은 두통이 심해졌고, 어지럽고 토할 것 같은 증상이 나타났다. 회사에서 토를 한 것도 모자라 퇴근하는 운전 중에 갓길에 차를 세우고 구토를 하는 일까지 벌어졌다. 이 고통이 언제쯤 끝날까? 두통 없는 하루를 바랐다.

어깨 통증은 지독했다. 마치 돌덩이를 얹고 사는 것처럼 무거웠고, 뼛속까지 뻣뻣하게 굳어버린 기분이었다. 일 년 넘게 매주 병원에 다녔다. 치료받을 때마다 의사도 힘들어했다. 어깨에 붙인 파스가 몸에 겹겹이 쌓이니 나에게서 파스 냄새가 진동했다. 통증은 가라앉지 않았다. 가족들이 돌아가며 어깨를 주물러 줬다. 손으로는 도저히 부족했다. "더 세게, 더 아프게 눌러줘!" 팔꿈치까지 동원해 강하게 눌러야 했다. 묵직한 통증은 사라질 기미조차 없이 내 몸 깊숙이 박혀 있었다.

위경련은 예고 없이 찾아와 위를 움켜쥐고 비트는 듯한 고통을 몰고

오십에 만드는 기적

왔다. 아파서 몸을 웅크린 채 응급실에 간 적도 있었다. 두통약, 위약, 파스는 상비약이 되었다. 참을 수 없는 아픔이 계속되면서 온몸이 쇠약해지고, 마음의 여유마저 사라졌다. 모든 기운이 사라져 무너질 것 같은 절망에 빠져들었다.

가장 견디기 힘든 것은 가려움증이었다. 왼손에서 시작된 가려움은 긁기 시작하면 멈출 수가 없었다. 긁고 있는지 모를 때가 많아 주변에서 못 긁게 해줄 때도 있었다. 밤중 잠결에 긁다가 깨는 날도 있었다. 계속 긁으면 피부가 빨개졌다가 검게 변했고, 딱지가 생기고 벗겨졌다. 그러는 동안엔 무릎, 허벅지 등으로 옮겨 다니며 온몸을 긁었다. 이 과정이 반복되었다. 피부과에 다니며 연고를 바르고, 약을 먹어도 나아지지 않았다. '언제 이 괴로움에서 벗어날 수 있을까?'

퇴근 후에는 집에서 잠만 잤다. 주말엔 소파에서 몸을 늘어뜨린 채 하루를 보냈다. 낮잠을 자면 그나마 꿈을 꾸지 않아 더 잤다. 야근하지 않는 날은 술을 마셨다. 술자리에서는 회사에 대한 불만을 토해냈지만, 허탈함만 남길 뿐이었다. 점점 회사의 소모품이 되어가는 것 같았다.

"이왕 하는 일, 재미있게 일하자."

팀원들에게 하는 말이다. 그들에게 내가 힘들어하는 모습을 보이고 싶지 않았다. 출근하면 큰소리로 인사를 했고, 웃으며 일하려 애썼다. 감당하지 못하는 날이면 울음이 터져 몰래 밖으로 나가곤 했다. 그런 내 모습을 본 팀원이 있었다. 조심스레 괜찮은지 물어보는데 그 말에 감정을 누르기 힘들었다.

"분 단위로 일을 처리하고 있어요."

2023년 11월부터는 회사에서 이 말을 입에 달고 살았다. 2023년 12월, 평소라면 하지 않았을 어이없는 실수를 저질렀다. 그 실수가 나에게 큰 충격이었다. 이미 지쳐 있던 마음은 그날 부서지고 말았다. 잠을 전혀 잘 수가 없었다. 억울한 마음에 세상에 원망의 화살을 돌렸다. 다 싫었다. '이 정도가 내 한계인가?'라는 자괴감이 나를 휘감았다. 밤새 오열했다. 내가 이렇게까지 무너질 줄 몰랐다. 번아웃이라는 걸 알면서도, 여전히 일이 우선이었다.

야근은 계속됐다. 주말까지 이어지는 업무가 나를 집어삼켰다. 팀원들의 질문에 답하고, 상사의 지시에 따른 결과를 제출하고, 거래처와 소통하는 모든 과정이 나를 옥죄었다. 숨쉬기가 힘들었다. 밤새 울고 또 울었다. 괜찮은 척했지만, 괜찮지 않았다. 마음의 멍은 커졌다. '이렇게 사는 게 맞는 걸까?' 아무리 생각해도 답은 보이지 않았다.

'어제의 나는 더 잘할 수 있었는데.'

'어제의 나는 더 좋은 선택을 할 수 있었을 텐데.'

잠들기 전, 매일 후회했다. 잠에서 깨면, 서러움이 밀려왔다. 후회를 멀리 던져도 그 녀석은 끈질기게 옆에 달라붙었다. 과거를 돌아보면 후회할 뿐이었다. 이십 대에는 사람들과 어울리는 게 우선이었다. 삼십 대에는 결혼과 육아로 채워졌다. 사십 초반에는 아이들에게 사랑을 주는 것이 삶의 전부인 줄 알았지만, 사십 후반에는 일이 모든 것을 집어삼켰다.

'지금은 과연 나를 위한 삶일까?' 제대로 된 자격증도 없다. 다른 경력도 없다. 영어도 서툴다. 일 외에 다른 공부를 해 본 적이 없었다. "바쁘다.", "피곤하다."라는 핑계에 갇혀 멈춰 있었다. 오십이 된 지금, 다시 열정을 쏟을 자신이 없다. '사 년 전에 모험을 시작했다면 어땠을까?' 하고 지난 시간을 자책했다. 같은 회사에 다시 입사한 그때의 선택이 가슴을 후벼 팠다. 회사 명함을 빼면 아무것도 남지 않는 나 자신이 서글펐다.

'전쟁터 같은 회사를 벗어나도, 지옥 같은 현실을 견딜 수 있을까?'

'오십 넘은 지금, 새로운 도전을 하기엔 너무 늦은 게 아닐까?'

'내 경력은 이제 가치가 있을까? 익숙한 자리를 떠나 새로운 환경에 적응할 수 있을까?'

새로운 길을 선택할 자신이 없었다. 고민이 끊임없이 되풀이되었다. 나를 위한 삶을 찾아야 한다는 마음은 내 갈 길을 더욱 혼란스럽게 만들었다. 오십이라는 나이에도, 아직도 무언가를 할 수 있다는 믿음을 놓치고 싶지 않았다. 더는 이렇게 살 수 없다는 것을 안다. 내가 누구인지, 무엇을 원하는지 찾기 위해서는 이제 다른 세상을 봐야 한다. 그 시작이 두렵지만, 더 미룰 수는 없었다.

자신을 돌봐야 한다. 자신의 상태가 어떤지 알아야 한다. 당신은 지금 어떤가? 책임감에 묻혀 몸이 아픈 것도 모르고 일에 빠져 있지는 않은가? 혹시 아픈 걸 알면서도, 일이 바쁘다는 이유로 외면하고 있지는 않은가? 당신의 몸과 마음이 보내는 신호를 진지하게 들어야 한다. 이제는 당신 자신을 돌아볼 때다. 더는 나 자신을 내버려 두지 않기로 했다. 당신도 자신을 더 아껴주길 바란다. 나는 이제야 깨달았다. 당신은 언제쯤 알게 될까?

불면증과 번아웃, 이렇게 극복하라

"성공이 찾아오기 전에 잠시의 실패가 먼저 찾아온다.
완전히 패배한 순간, 한 걸음 떼는 것으로 지금의 성공을 이루었다."

- 나폴레온 힐, 『생각하라 그리고 부자가 되어라』, 와일드북

"엄마, 오늘도 늦으셨네요. 수고하셨어요. 우리는 저녁 먹었어요. 저녁 식사하셨어요?"

"당신, 퇴근이 계속 늦구나. 피곤하겠어. 저녁 먹었지? 냉장고에 먹을 만한 게 없어서 우리 먼저 대충 먹었거든."

가족들은 삼 일째 저녁으로 된장찌개를 먹었는데도 한 번도 짜증 내지 않았다. 오히려 퇴근해 집에 들어서면 환한 얼굴로 반겨주었다. 그런 날이면, 미안함과 고마움이 뒤섞인 감정이 가슴을 가득 채웠다. 회사 일이 바쁘면 바쁠수록 가족들 식사에 소홀해질 때가 많았다.

온종일 회의와 업무로 정신없는 시간을 보내고 집에 돌아오면, 가장

먼저 드는 생각은 '오늘 저녁은 어떻게 하지?'였다. 냉장고를 열어보면 채워야 할 반찬 통들만 줄지어 있었다. 그럴 때마다 가족들에게 미안한 마음이 밀려왔다. 사실 매일 밤늦게까지 일하고 돌아오면, 제대로 요리할 기운조차 남지 않았다.

주말 오후 내내 시간을 쪼개 여섯에서 여덟 가지 음식을 미리 준비해 두어도, 평일이 되면 결국 된장찌개나 볶음밥 같은 비슷한 반찬들이 반복되기 일쑤였다. 아이들은 그런 날에도 "또 된장찌개야?"라는 말 대신 "오늘은 뭐 넣고 끓였어?"라며 밝게 물었다. 그럴 때마다 엄마로서 너무 부족하다는 생각에 마음이 무거워졌다.

"오늘 저녁은 뭐 먹었어? 설거지도 네가 했어?"
"엄마 늦게 퇴근해서 피곤하시잖아요. 주희가 라면 먹고 싶어 해서 라면 끓여 먹었어요. 그래서 설거지 그릇도 몇 개 없었어요."

일을 다시 시작한 이후로, 가족 중에서 가장 미안한 사람은 아들이었다. 초등학생 때 동생을 돌봤던 아들이 고등학생이 되어 동생의 저녁을 챙겼다. 아들은 동생으로 인해 힘들다는 말을 하지 않았다. 오히려 더 바빠진 엄마를 걱정하며 집에 오면 아픈 어깨를 주물러 주곤 했다. 대학생이 되어서 내 생일에 안마기 선물을 주기도 했다. 아들에게 나는 과연 어떤 엄마였을까?

　　　　　　　　　　　　　　오십에 만드는 기적

"주희야, 엄마 졸려."

"자."

"엄마 피곤해."

"자."

"대답이 뭐 그리 간단해?"

"엄마는 매일 졸려 하니까. 엄마는 늘 피곤하잖아."

둘째 딸과 대화다. 집에서 가족과 나누는 말이 짧아졌다. 가족들과 함께 소파에서 TV를 보다 가도 어느새 잠이 들곤 했다. 앉으면 눕게 되고, 누우면 잠잠해졌다. 잘 웃던 난 웃지 않게 되었다. 피곤하다는 말이 입에 붙어버렸다. 피로가 온몸에 쌓여 머리부터 발끝까지 무겁게 내려앉는 느낌이었다. 몸이 무겁고 눈꺼풀이 자꾸만 감기는 순간순간, 엄마로서 해야 할 일들이 계속 떠올랐다. 가족들에게 웃어주고, 이야기를 나누고, 저녁도 함께 준비해야 했지만, 그럴 힘이 없었다.

"엄마, 이번 TV프로는 나랑 꼭 같이 봐야 해."

"응. 알았어."

"TV 보다가 잠들면 안 돼."

딸이 함께 시간을 보내자고 했지만, 그날도 또 잠들어 버렸다. 그저

TV를 함께 보는 것조차 큰 에너지를 소모하는 일이 되었다. 엄마로서, 아이들과 시간을 보내야 한다는 생각에 미안함이 마음을 짓눌렀다. 아이들 옆에서 그저 함께하는 것도 버거웠으니 말이다. '너무 부족한 엄마가 아닐까?'라는 생각이 자꾸만 들었다. 지금 딸에게 물어보면 어떤 말을 할까?

이 모든 미안함과 고단함은 회사 일 때문만은 아니었다. 나를 더 지치게 했던 것은 오랜 시간 나를 괴롭혀 온 불면증이었다. 어릴 적부터 시작된 끝없는 밤의 뒤척임은 나를 더 깊은 불안과 지독한 피로 속으로 몰아넣었다. 몸은 무겁고 눈은 감기지만, 잠들 수 없는 시간은 가장 큰 적이었다. 평생을 불면증에 시달렸다. 어릴 적부터 잠들기까지 시간은 길었고, 자주 깨곤 했다.

어두운 밤중에 자다 깨면 시골집의 적막 속에 정체 모를 소리와 아기 우는 소리 같은 고양이 울음소리가 무서웠다. TV에서 〈전설의 고향〉을 본 날이면 귀신들이 꿈에 나타나 나를 괴롭혔다. 초등학생 때 선생님이 들려주셨던 '화장실의 빨간 손 귀신' 이야기 때문에 밤이면, 그 귀신이 꿈에 나타날까 봐 잠들기를 거부했다. 그때 악몽으로 힘들어하던 내게 아빠가 써준 글을 밤마다 주문처럼 되뇌었다. '악몽은 작초목하고 길몽은 성주옥이라.*'

* 惡夢着草木(악몽착초목) 喜夢成珠玉(희몽성주옥): 악몽은 풀에 붙어 없어지고 좋은 꿈은 구슬 같은 진주가 되어 이루어지라고 비는 민간 신앙의 하나.

고등학생이 되어 불면증은 더 심해졌다. 유령과 귀신이 있다고 믿던 나는 매일 밤 보이지 않는 존재에 쫓기는 꿈, 우는 꿈, 소리 지르는 꿈에 시달렸다. 친구들이 도움을 주려고 성당에 다니는 친구는 천주교 묵주를, 불교를 믿는 친구는 염주 팔찌를 선물했다. 어떤 날은 팔찌 두 개를 양손에 쥐고 아빠의 주문을 되뇌었다. 수면에 도움이 된다는 양파를 머리맡에 두기도 했고, 상추를 많이 먹기도 했다. 매일 양을 몇천 마리 세다가 지쳐 멈추곤 했다.

성인이 되어서는 불면증을 체념했다. 술에 취해 쓰러지듯 잠들면 차라리 다행이라고 여겼다. 새벽에 깨면 숙취를 탓했다. 불면의 문제를 주변에 이야기해도 대부분은 "사람이 무섭지, 밤이 무서워?", "취하고 잠들면 괜찮아, 더 마셔."라는 식의 대답만 돌아왔다. 이해받지 못했기에 더욱 외로웠다. 약을 먹어야겠다는 생각이나 병원에 가야 한다는 생각을 하지 않았다. 나의 불면증은 불치병이고 이로 인한 고통은 당연하다고 여겼다.

첫째가 태어나고 밤마다 열 번 넘게 깼을 때, 나를 닮아 밤에 잘 못 자나 싶어 아기에게 미안했다. 아기를 업은 채로 겨우 눈 붙인 날, 아기를 안은 채로 앉아 잠들었던 날이 많았다. 아기를 내버려 둔 채 혼자서 울기도 했다. 나를 탓했고 나를 이렇게 낳아준 엄마를 탓했다. 둘째를 출산하고 밤에 다섯 번 깼을 때, 얼마나 감사했던지. 어떤 날은 둘째 깨는 소리에 불면의 밤이 덜 무섭게 느껴지기도 했다. 첫째가 깨면 노래를 불러주고, 둘째가 깨면 조용히 다독였다. 애들이 잠들 때까지 '괜찮아.'라고 속삭였지만, 정작 나는 더 또렷하게 깨어나 버렸다.

"어젯밤 너무 못 잤어."
"매일 못 자는데, 어젠 더 못 잔 거야?"

가족들은 내가 못 잤다는 말을 일상으로 들었고, 잘 잤다는 말을 경이롭게 들었다.

"어제는 잘 잤어."
"잘 잤다고? 정말? 당신이 꿈을 안 꾸고 잘 잤다고 말하는 날은 일 년에 다섯 번도 안 돼."

마흔이 되어도 불면은 여전했고 밤마다 주문을 되뇌었다. '악몽은 작초목하고 길몽은 성주옥이라.' 그래 불면증은 평생의 불치병이니까. 어쩌면 이 끝이 보이지 않는 밤들 속에 갇혀버린 걸지도 모른다. 매일 밤, 짙은 어둠 속에서 좀비가 되어 허우적거렸다. 하지만, 이 끝없는 밤 속에서도, 나를 찾을 작은 불빛이 있어야만 했다.

오십에 만드는 기적

삶의 주도권을 잡아라! 과감히 선택하라

"3년 후 지금과 똑같은 모습이고 싶은가?"

- 서미숙, "50대에 시작해도 돈 버는 이야기』, 베가북스

"엄마, 지난달 계속 집에 늦게 들어왔지."

"응. 왜?"

"엄마 회사 신고해. 근로 시간 초과야."

"무슨 말이야?"

"학교에서 근로기준법 배웠거든. 주 52시간 넘게 일하면 안 된대."

"그래? 내가 그런 거 관련된 일 하잖아."

"그럼 잘 알겠네. 엄마는 계속 주 52시간 넘게 일했어. 새벽 다섯 시에 퇴근한 적도 있었지? 다 신고해. 왜 가만히 있어? 내 말 틀렸어? 신고하는 거지?"

중학교 삼 학년인 딸이 사회 수업 시간에 배운 근로기준법에 대해 이

렇게 말했다. 법을 지키지 않으면 신고해야 한다면서 말이다. 딸에게 아무 말도 할 수 없었다. 내 삶이 딸의 말처럼 단순하게 해석되면 좋겠다.

"내가 그의 이름을 불러 주기 전에는
그는 다만 하나의 몸짓에 지나지 않았다.
내가 그의 이름을 불러 주었을 때 그는 나에게로 와서 꽃이 되었다."
- 김춘수, 『꽃』, 첫을모

중학교 시절, 선생님이 꿈이었다. 열정적으로 가르치고, 진심 어린 조언을 해준 선생님이 있었다. 방학이 되면 반 아이들에게 일일이 손편지를 보내줬다. 사춘기로 방황하던 나에게 그 편지 속 시가 큰 힘이 되었다. 그때 선생님 덕분에 하나의 존재가 되었다는 느낌을 받았다. 나도 아이들에게 꿈과 희망을 심어주는 선생님이 되고 싶었다.

결혼 후 생활의 중심은 남편과 시댁이었다. 아이가 태어나면서 삶의 모든 중심이 아이 위주로 바뀌었다. 배고파 하는 아이를 먼저 챙기고, 아이가 잠들 때 함께 잠들었다. 주말마다 아이가 좋아하는 곳으로 향했다. 그렇게 아내가 되고, 엄마가 되어가는 과정이 행복했다. 아이들이 자라면서 시간이 생겼지만, 이상하게도 허전했다. 아이들은 친구들과 더 자주 어울리고, 나는 혼자 있는 시간이 많아졌다. 그 시간이 어색했

오십에 만드는 기적

다. 혼자 먹는 밥은 맛이 없었다. 나를 위한 음식 준비도 귀찮았다. 무엇을 해야 할지 몰랐다. 가만히 있으면 허무함이 밀려왔다. 혼자 있는 집이 쓸쓸했다.

직장 생활을 하면서 모든 관계의 중심은 회사로 이동했다. 성과와 승진이 목표였다. 그럴수록 피곤과 무기력이 쌓였다. 왜 이렇게 사는지 혼란스러웠다. 회사에서는 웃으며 버텼지만, 밤에는 불안과 눈물이 뒤섞이는 날이 많았다. 설명할 수 없는 무거운 돌이 가슴을 짓눌렀다. 잦은 야근과 주말 근무에도 회사에 부당하다고 말할 용기가 나지 않았다. 공평하지 않은 업무와 인력 부족의 책임을 떠안고도 그저 받아들여야 했다. 근로기준법을 지적하는 딸에게도 변명조차 할 수 없었다. 회의가 밀려왔다.

'딸이 말한 근로기준법처럼, 나도 내 삶의 기준을 되찾아야 할 때가 아닐까?' 월급에 끌려다니는 내가 초라했다. 사춘기 소녀의 찬란한 꿈은 사라지고, 꾸역꾸역 하루를 버티는 주름 가득한 중년의 여인만 남았다. 이제는 변해야 했다. 삶에 끌려가지 않고, 내가 원하는 곳으로 나아가야 했다. 진정으로 원하는 삶을 살아가기 위해, 더 진지하게 고민하고 변화를 열망했다. 더는 미루지 않기로 했다.

"일은 잘하는 사람이 더 많이 하는 거야, 네가 잘해서 그래."

"더 잘할 거라는 기대가 있어서 너에게 그러는 거지."

처음에는 인정받는 것 같아 기분이 좋았다. 그러나 그 인정은 족쇄가 되었다. 모든 일에는 질책이 따라왔다. 잘해도 당연한 일이 되었다. 조금이라도 부족하면 가차 없이 지적받았다. 자존감은 갈수록 무너졌다. 상사의 목소리만 들어도 몸이 먼저 움츠러들었다. 내 존재가 점점 사라지는 기분이었다. 쉽게 회복되지 않았다. 회사를 향한 분노가 커졌다. 더는 이곳에서 나를 잃고 싶지 않았다. 조금씩 준비해서 몇 년 후 퇴사하려 했다.

"언젠가 임원이 되어야 하지 않겠니?"

"네 나이의 여자가 어디 가서 이런 대접을 받을 수 있겠냐?"

대표와 임원이 함께 있는 중소기업 사무실에서는 예전과 다른 내 업무 태도가 보였을 것이다. 툭하면 불러 예전 같지 않다며 비난하거나 회유했다. 나를 더 얽매이는 말만 들었다. 깊은 늪으로 더 빠져들었다. 위기는 이미 여러 번 있었지만 알아차리지 못했다. 인정의 늪에 빠져 괜찮다고 착각하고 있었다. 업무가 계속 가중되는 게 싫었지만, 동시에 그 안에서 안전함을 느꼈던 것 같다. 그 착각은 계속해서 나에게 경고를 보

오십에 만드는 기적

내고 있었다. 무지의 눈에서 서서히 제삼자의 시선으로 나를 본 순간, 내 모습이 비참하고 바보 같았다. 더는 버틸 수 없었다.

> "세상에서 가장 무서운 지옥은 견딜 만한 지옥이다."
>
> - 부아c, 『부의 통찰』, 황금부엉이

회사가 나에게 견딜만한 지옥이었다. 이 글이 날 선 칼이 되어 가슴 깊숙이 박혔다. 벼랑 끝에서 외면했던 현실이 눈앞에 펼쳐졌다. 지금까지 버텨왔던 모든 시간이 허상처럼 느껴졌다. '견딜 만한 지옥'이라는 현실이 가슴 깊이 파고든 순간, 숨이 턱 막혔다. 가슴 한쪽이 찢어질 듯이 아팠다. 눈물이 멈추지 않았다. 차라리 아무 감정도 느껴지지 않는 편이 나을 것 같았다.

퇴근 후 집에 돌아와 소파에 쓰러져도, 쉰다는 느낌보다는 더는 움직일 수 없는 상태가 되었다. 한계를 뼈저리게 실감했다. 회사에 모든 것을 쏟아부었던 시간이 나를 더 깊은 지옥으로 몰아넣었다. 성과를 내기 위한 욕심이 나를 이렇게 만들었을까? 아니면 멀티플레이어를 요구하는 회사가 문제였을까? 무례한 회사의 태도에 지쳐 더는 감당할 수 없었다. 내가 무엇을 잘못한 건지, 아니면 이 회사가 문제인 건지 여전히 답을 찾지 못했다. 하지만, 나에게 던진 질문의 답을 찾기 위해서는 새로운 시선이 필요했다. 과거는 눈물과 함께 보내고 예전의 나를 멈추기로 했다. 새로운 생각을 하기 시작했다.

어느 날, 우연히 들른 서점에서 『50대에 시작해도 돈 버는 이야기』라는 책을 집어 들었다. 그날따라 책 제목이 유독 눈에 들어왔다. '오십'이라는 글자가 나를 강하게 끌어당겼다. 집으로 돌아와 책을 펼치자마자, 내 안에 오랫동안 묵혀 있던 감정들이 폭발하듯 터져 나왔다. 책 속의 문장들이 머리를 번개처럼 강렬하게 내리쳤다. '삼 년 후 나는 어떤 모습일까?' 이 질문이 가슴을 사정없이 후벼 팠다. 사람들과 세상을 원망만 하며 변화가 두려워서 한 걸음도 내딛지 못하는 나를 봤다.

그제야 비로소 깨달았다. 지금처럼 살다가는 미래의 나도 지금과 똑같이 공허한 삶을 반복할 뿐이라는 걸. 그 순간, 마음속에서 무언가가 확 꺼져가는 듯했다가 다시 뜨겁게 타올랐다. 지금 바뀌지 않으면, 평생 같은 자리에서 맴돌 것 같았다. "이대로는 안 돼. 지금부터 미래를 바꿔야 해. 이제 더는 미룰 수 없어!" 일어나 책을 꽉 움켜잡고 다짐했다. 안에서 터져 나오는 갈망이 나를 전혀 새로운 길로 이끌었다.

"차장님 근무하시는 마지막 날까지 스트레스 안 받으셨으면 좋겠어요."
"차장님이 더 피곤하고 스트레스 많죠? 다들 차장님 괜찮으신지 걱정해요."
"말을 어떻게 시작해야 할지 모르겠어요. 지금 다들 차장님 그만두신

오십에 만드는 기적

다고 멘탈이 흔들리고 있거든요."

후배들의 말은 감동을 줬지만, 동시에 마음 한구석에 짙은 죄책감이 스며들었다. 그들은 마지막까지 나를 배려하며 부담되지 않도록 애썼다. 정작 더 힘들었던 건 그 애들이었을지도 모른다. 실수에 대한 두려움, 회의에서 받는 압박감, 결재 과정에서 느껴지는 초조함. 하루하루가 나를 갉아먹고 있었다. '이게 정말 나야? 왜 이렇게까지 된 거지?'라는 생각이 점점 나를 옥죄었다. 이 자리에서 빠져나와야 했다. 도망치는 것이 아니었다. 나를 위해, 내 삶을 위해 이 결정을 내려야만 했다. '다시는 이 상황이 반복하지 않겠어.' 나를 희생하며 버티고 싶지는 않았다.

"언니야, 내가 문제일까? 회사가 문제일까? 이젠 한계인가 봐."
"언니야, 지난번 퇴사할 때와 똑같아. 월급이 독처럼 느껴져. 이젠 견디기 힘들어."
"언니야, 화장실에서 또 울음 터졌어. 눈이 너무 빨갛게 부어서 밖으로 나갈 수가 없었어."

결국, 이번에도 언니에게 하소연하다 오 년을 못 채우고 퇴사했다. 이번엔 끈기없는 내가 현실에서 포기하는 게 아니다. 나의 삶을 되찾기 위한 선택이었다. 나를 사랑하기 위해 내린 결정이다. 마흔이 끝나고 오십이 되었을 때 치열했던 직장 생활에 마침표를 찍었다.

"친구야 고생 많았어. 무거운 짐을 지고 살아내느라 그동안 인내한 너 자신을 칭찬해주자. 속 시원해지도록 실컷 울고 일어나. 앞으로는 평온하기를 바라. 널 위해 기도할게."

마지막 근무일, 친구가 메시지를 보내왔다. "주니야, 애썼어." 그 말이 깊이 스며들었다. 나도 그렇게 나를 위로했다. 마음속에 쌓여 있던 무거운 짐이 조금씩 풀려나가는 것 같았다. 이제는 나를 위해, 오롯이 나만의 길을 걸어가리라. 남이 정해준 길이 아닌, 진짜 내가 원하는 삶을 찾아 나설 것이다. 타인의 기대에 나를 맞추지 않고, 내가 꿈꾸는 방향으로 나아갈 것이다. 그 길 끝에 무엇이 있을지는 아직 알 수 없지만, 적어도 이번만큼은 나 자신을 위해 선택을 하리라.

'이 나이에 회사를 나가면 과연 할 수 있는 일이 있을까?' 모든 것이 불확실하지만, 불안이 밀려올 때마다 이겨내리라 스스로 약속했다. 앞이 보이지 않는 상황에서도 나를 잃지 않겠다고 결심했다.

변화는 거창한 계획이나 큰 결심에서 시작되지 않는다. 정말 중요한 건 아주 작은 용기, 단 한 걸음 내딛는 것이다. 처음 한 걸음이 어려운 이유는, 그 한 걸음이 우리를 완전히 다른 길로 이끌기 때문이다. 앞이 보이지 않는 상황에서도 흔들리지 않겠다고 다짐했다. 막연한 걱정과 불안은 이제 내려놓았다. 내가 걸어온 길이 쉽지는 않았지만, 결국 한 걸음씩 나를 변화시켰다. 당신도 그렇게 될 수 있다. 당신은 지금 어떤 길 위에 서 있는가? 어쩌면 지금이 바로 당신의 삶을 새롭게 만들 기회가 바로 눈앞에 있을지도 모른다. 열정은 멀리 있는 것이 아니다. 이미 당신 안에서 준비되고 있을지도 모른다. 그 가능성을 믿고, 작은 변화를 시작해 보자. 나는 오래 망설였다. 주저했고, 후회하기도 했다. 하지만 한 가지는 확신할 수 있다. 변화는 생각만 하는 것이 아니다. 시작하는 순간부터 이루어지는 것이다. 이제, 당신의 차례다.

🎯 오십이여, 지금 당장 도전하라

1. 안정만이 답은 아니다. 더 나은 나를 위해 도전하라.

2. 불안할수록 더 움직여라. 불안은 성장의 신호다.

3. 퇴사, 이직, 창업, 선택의 주도권을 가져라.

4. 새로운 시작을 두려워하지 마라. 당신은 더 강해질 수 있다.

5. 내일을 기다리지 마라, 지금이 기회다!

2장

오십의 기적

새벽을 깨우고 하루를 지배하라

아침을 지배하는 자가 인생을 지배한다
내일의 변화를 원한다면, 새벽부터 움직여라

새벽이 기적을 만든다
- 미라클 모닝의 시작

"지금까지 당신이 만들어 온 의식적,

그리고 무의식적 선택으로 인해 지금의 당신이 있는 것이다."

-바바라 홀

우리는 매 순간 선택을 하며 살아간다. '지금 일어날까? 조금 더 잘까?', '지금 움직일까? 조금 더 쉴까?', '지금 해버릴까? 나중에 할까?' 이런 선택들이 모여 지금의 내가 되었다. 후회도 내 선택, 기쁨도 내 선택이다.

나는 밤에 익숙해져 있었다. 사람들과 어울려 술 마시고, 수다 떠는 시간이 즐거웠다. 늦은 시간까지 드라마를 보고, 핸드폰으로 인터넷을 둘러보며 시간을 보내기도 했다. 자정 전에 잠들면 귀한 시간을 날려버리는 것 같은 기분이 들었다. 졸음이 와도 억지로 깨어 있으려 애썼다. 불면증으로 인해 새벽마다 잠에서 깨던 나는, 차라리 늦게 잠들면 새벽에 깨지 않을 거라 믿었다. 자정 넘어 잠드는 삶이 나를 위한 선택이라 여겼다.

어느 날 알게 되었다. 그렇게 보내는 시간은 진정으로 나를 쉬게 하는 것이 아니었다. 더 피곤하게 했다. 밤은 그저 속절없이 흘러갔다. 밤의 습관이 시간을 낭비하게 했다. 나를 위한 삶은 시간을 소중히 여기는 것에서 시작된다는 걸 깨달았다. 그때부터 나는 밤을 버리고 새벽을 선택하기로 했다. 올빼미 같은 생활을 모두 버렸다. 드라마도, 핸드폰도, 밤의 유혹도 과감히 던졌다. 일찍 잠들기 시작하면서 새벽이 완전히 달라졌다. 새벽이면 자연스럽게 눈이 떠졌다. 비로소 나를 위한 시간이 되었다.

"우와. 새벽 세 시에 일어난대! 난 절대 못하지."
"응? 엄마 요즘 새벽에 일어나지 않아?"
"나? 아하. 맞아. 나 일찍 일어나는구나."

저녁 식사 도중 가족과 나눈 대화다. 미라클 모닝을 시작한 지 십 개월이 지났다. 새벽 기상은 여전히 나에게 놀랍고 신비롭다. TV에 새벽 세 시라는 시간이 뜨자 본능적으로 '와, 힘들겠다.'라는 생각이 들었으니 말이다. 나도 모르는 사이에 새벽 기상은 내게 당연한 일이 되었다.

오십에 만드는 기적

"언니, 나 요즘 미라클 모닝 해."

"뭐? 네가? 왜? 새벽에 일어날 수는 있어?"

미라클 모닝 소식을 언니에게 전했을 때, 언니가 깜짝 놀라며 되물었다. 내가 아침잠이 많다는 걸 언니가 잘 알고 있기 때문이다. 일찍 일어나는 것 자체가 싫었다. 가족끼리 어디 가려면 난 늘 지각하던 사람이었다. 그런 내가 지금은 네 시에 일어나 새벽을 기다린다. 새벽이 나를 새롭게 하고 있다. 매일 아침 '오늘도 해냈다!'라는 기쁨이 밀려온다. 새벽은 나에게 가장 소중한 시간이다. 고요한 새벽 속에서 책을 읽고, 계획을 세우며 차분히 하루를 준비하는 나 자신이 자랑스럽다. 누구의 방해도 받지 않는 시간 속에서 집중하는 순간은, 낮이나 저녁에는 경험할 수 없는 신비로운 느낌이다.

'오늘'에만 집중하기로 했다. '이 순간의 선택이 곧 나의 미래다.' 오늘의 선택들이 모이면 삼 년 후에는 내가 꿈꾸던 삶을 살고 있을 것이다. 이 믿음이 삶을 바꾸고 있다. 예전에는 '다음에'라는 말을 자주 했다. 늘 내일이 있을 거라 믿으며 많은 것을 미뤘다. 하지만 세월이 흐르고 아이들이 어느새 자란 모습을 보며, 시간이 얼마나 빠르게 흘렀는지 절실히 느꼈다. 시간은 순식간에 지나가고, 소중한 순간은 다시 돌아오지 않는다는 것을.

이제는 '다음에'가 없다. 오직 '오늘'만 있다. 오늘 내가 하는 행동이 곧 내일의 나를 만든다. 새벽 네 시에 일어나 책을 읽으며 마음을 풍요롭게 한다. 새벽을 위해 매일 밤 여덟 시가 되면 주변을 정리한다. 내일 할 일을 떠올리고 하루를 마무리한다. 아홉 시 전에 핸드폰과 노트북을 덮고, 이불 속으로 들어간다. 침대에 둔 책을 펼쳐 몇 페이지를 읽다 열 시쯤 편안히 잠이 든다. 새벽을 즐겁게 맞이하는 삶이 내 일상이 되었다.

밤의 미련은 아직도 있다. '술 한 잔만 더 마실까?' 사람들과 더 어울리고 싶은 마음이 있다. 핸드폰을 열면 빠져나오기 어렵다. '이 장면 조금만 더 볼까?' 유혹이 나를 붙잡는다. 새벽을 맞이하는 일도 여전히 쉽지 않다. 침대에 더 누워 있고 싶은 마음이 매일 같이 스친다. '오늘은 그냥 쉴까?'라는 생각이 들지만, 나는 마음을 다잡는다. "오늘, 이 유혹에 지면 내일도 같은 이유를 대겠지." 순간의 선택이 평생을 좌우한다는 것을 알기에 나 자신에게 지고 싶지 않다. 마음이 흔들릴 때마다, 나는 다시 선택한다. 그 선택이야말로 나를 사랑하는 가장 진정한 태도다. 나를 위해 '오늘'을 선택한다. 당신도 자신을 사랑하는 마음으로, '오늘'을 선택하자.

삶은 선택의 연속이다. 밤과 새벽, 둘 중 하나를 선택해야 한다. 새벽을 선택하고 싶다면, 밤의 습관을 과감히 버려야 한다. TV를 보며, 핸드

오십에 만드는 기적

폰을 들여다보며 꾸물거리는 시간은 이미 밤을 선택한 결과다. 이제 생각을 바꿔보자. "성장을 위해 새벽을 선택하겠다."라는 다짐이 당신의 밤을 바꾸고, 새벽을 열어줄 것이다.

새벽의 고요 속에서 느끼는 성취감과 평화는 어떤 유혹과도 바꿀 수 없는 가치다. 오늘 밤, 당신은 어떤 선택을 하겠는가? 오늘의 선택이 내일의 당신에게 어떤 변화를 가져다줄지 생각해 보라. 당신의 오늘이 내일의 당신을 만든다. 밤의 습관을 바꾸고 새벽을 맞이하라. 그 선택이 당신의 하루를, 나아가 인생을 바꿀 것이다. 당신을 위한, 당신에 의한, 당신의 선택을 할 차례다.

미라클 모닝, 단순한 유행이 아니다

"행복은 충분한 수면으로 이루어져 있다.
오직 충분한 수면, 그 이상 그 이하도 아니다."

- 로버트 앤슨 하인라인

많은 사람이 미라클 모닝을 잘못 이해하고 있다. 단순히 일찍 일어나기만 하면 성공이라고 생각하거나, 남들이 하는 대로 따라야 한다고 믿는다. 하지만 그것은 오해다. 미라클 모닝의 핵심은 '일찍 일어나는 것'이 아니라, 나를 위해 시간을 의미 있게 사용하는 데 있다. 새벽에 눈을 뜨는 것만으로 기적이 시작된다고 믿는다면, 그건 착각이다. 일찍 일어나 핸드폰을 보거나 무의미한 활동에 시간을 쓴다면, 수면 부족만 더할 뿐이다. 새벽 시간은 자신을 위해 투자해야 한다. 독서를 통해 지식을 쌓고, 명상하며 마음을 가다듬고, 글을 쓰며 생각을 정리하거나, 운동을 통해 건강을 관리해 보라. 자기 계발과 성장의 시간을 쏟을 때 비로소 미라클 모닝의 본질에 다가갈 수 있다.

오십에 만드는 기적

모든 사람이 새벽형 인간일 필요는 없다. 저녁형 인간이라면 굳이 억지로 새벽 기상을 실천할 이유가 없다. 중요한 건 하루 중 가장 집중할 수 있는 시간에 나만의 루틴을 만드는 것이다. 핵심은 시간을 어떻게 쓰느냐에 달려 있다. 미라클 모닝은 고통스러운 일이 아니다. 억지로 일어나 무리한 방식으로 강행하면 오래갈 수 없다. 건강한 수면 습관을 유지하며 아침을 즐겁게 맞이해야 한다.

새벽은 나를 돌보는 시간이어야 한다. 미라클 모닝은 하루아침에 변화를 불러오지 않는다. 미라클 모닝을 시작한다고 해서 당장 삶이 바뀌는 건 아니다. 작은 행동들을 꾸준히 실천하며 점진적인 변화를 만들어가는 과정이 중요하다. 하루 일 분이라도 자신을 위한 시간을 만들고, 그 시간을 통해 마음의 균형을 찾는 것이다. 그 작은 시간이 쌓여 큰 변화를 끌어낸다. 미라클 모닝은 누구나 할 수 있다. 특별한 재능이나 능력이 필요한 게 아니다. 나에게 맞는 루틴을 정하고 꾸준히 실천하면 된다. 실천 하나만으로도 누구나 자신의 기적을 만들어갈 수 있다.

주변에서 미라클 모닝에 실패했다는 이야기를 들어보면 흔히 하는 실수들이 있다. 그건 내가 미라클 모닝을 하면서 겪었던 시행착오이기도 하다.

하나, 수면 부족을 감수하고 억지로 일찍 일어나는 것이다. 밤늦게까지 활동한 뒤 수면 시간을 줄이고 새벽 기상을 시도하면 피로만 쌓인다. 컨디션이 나빠져 낮 동안 생산성이 떨어진다. 건강에도 악영향을 미친다. 몸과 마음을 충전하는 숙면을 기반으로 하루를 시작하는 것이 중요하다.

둘, 자기 자신에게 맞지 않는 루틴을 하는 것이다. 다른 사람의 미라클 모닝 사례를 무조건 따라 하다 실수하는 경우다. 예를 들어, 운동을 싫어하는 사람이 새벽 운동을 억지로 하려 하면 지속하기 어렵다. 자신에게 맞는 활동을 찾아야 한다. '책 한 페이지 읽기, 십 분 걷기'처럼 쉽게 할 수 있는 것 먼저 하면 루틴을 더 지속할 수 있다.

셋, 한 번의 실패로 포기하지 않았으면 한다. 새벽 기상을 처음 시도할 때 실패는 흔하다. 몇 번 늦게 일어났다고 포기하지 말자. 실패를 편안히 받아들이며 꾸준히 시도해야 습관으로 자리 잡을 수 있다. 처음부터 잘하는 사람은 없다. 실패와 시도를 거듭하며 자신에게 맞는 미라클 모닝을 찾아가는 과정이 필요하다.

미라클 모닝은 나를 성장시키는 시작이자, 하루를 위한 가장 값진 투자다. 처음엔 낯설고 어렵더라도, 매일 반복하면 어느 순간 삶의 일부가

오십에 만드는 기적

된다. 그 시간은 당신을 더 나은 방향으로 변화시킨다. 당신이 꿈꾸는 새벽은 어떤 모습인가?

진정한 미라클 모닝이란 무엇일까? 미라클 모닝의 진정한 의미는 하루의 모든 순간에 몰입할 수 있는 상태로 몸과 마음을 정비하고, 의미 있는 시간을 만들어가는 과정이다. 새벽에 일어나는 것 자체에만 초점을 두면, 오히려 컨디션이 저하되어 하루의 남은 시간을 제대로 활용하지 못할 수 있다. 실제로 미라클 모닝을 시작한 사람 중에는 새벽 루틴 후 집중력이 떨어지거나, 낮 동안 졸음이 몰려와 하루의 리듬이 깨졌다는 이야기를 듣기도 했다.

미라클 모닝은 '새벽'이라는 시간대에 한정된 개념이 아니다. 규칙적인 수면 습관을 유지하는 것이 핵심이다. 이러한 습관은 다음 날 최적의 컨디션을 만들어주고, 하루를 충실히 보낼 수 있게 한다. 당신이 원하는 하루의 리듬을 유지할 수 있다. 이 리듬을 꾸준히 유지하는 것은 미라클 모닝이 궁극적으로 추구하는 바라고 할 수 있다.

미라클 모닝을 통해 얻은 변화는 새벽 기상이라는 습관에 그치지 않는다. 불면증으로 고생하던 난 깊이 잠들게 되었다. 집중력이 높아지고, 하루의 흐름이 정돈되며 몰입도가 높아졌다. 나 자신을 더 잘 관리할 수 있다는 믿음이 생겼다. 이제는 하루를 주도적으로 시작한다. 모두가 잠든 새벽에 일어나면 하루가 길게 느껴진다. 한발 앞서 시작하는 그 시간은, 가장 중요한 일에 몰입할 수 있는 최적의 순간이다. 새벽의 고요 속에서 얻는 집중과 성취감은 그 어떤 보상보다 크다. 우리의 삶은 서로 단절된 조각들이 아니다. 작은 일상이 쌓여 하루가 되고, 그 하루들이 모여 삶을 이룬다. 새벽에 일어났을 뿐인데 놀랍게도 내 삶의 변화는 도미노처럼 이어졌다.

새벽 기상은 정신적으로도 큰 변화를 가져왔다. 새벽 기상이 주는 또 하나의 장점은 안정감이다. 새벽 시간에 명상이나 심호흡을 하면 마음이 차분해졌다. 자주 겪던 스트레스가 저절로 줄어들었다. 또한, 충분히 숙면한 후 일어났을 때의 상쾌함은 하루를 더 긍정적으로 만들었다. 잘 자고 일어난다는 사실만으로도 삶이 편안해졌다. 예전에 새벽은 그 자체로 공포였다. 조용한 새벽의 소리마저 나를 위협하는 것 같았다. 지금은 그 새벽을 사랑한다. 같은 시간, 같은 공간이 이렇게 다르게 느껴질 수 있다는 것이 놀랍다.

미라클 모닝을 시작할 때는 자신이 없었다. '불면증에 시달리던 내가, 과연 새벽에 일어날 수 있을까?' 모든 것이 불확실했다. 그래도 변화를 원했기에, 그냥 하기로 했다. 그 결심은 삶을 완전히 바꾸어 놓았다. 중요한 건 자신을 믿고 꾸준히 실천하는 것이다. 매일 반복하다 보면 당신

　　　　　　　　　　　　　오십에 만드는 기적

은 달라진 자신을 마주하게 될 것이다. 당신은 일 년 후, 삼 년 후 어떤 모습을 꿈꾸는가? 지금의 작은 시작이 미래를 완전히 바꿀 수 있다. 아침을 새롭게 맞이하는 순간, 인생도 새롭게 열린다. 오늘을 감사의 에너지로 채운다면, 당신의 하루는 더 반짝일 것이다. 미라클 모닝으로 당신이 꿈꾸는 미래를 이뤄보자.

성공하는 사람들은 전날 밤부터 준비한다

"일찍 자고 일찍 일어나는 것은 건강, 부, 지혜를 낳는다."

- 벤자민 프랭클린

많은 사람이 주말에는 밤늦게까지 깨어 있고, 늦잠을 자며 피로를 푸는 것이 당연하다고 생각한다. 그런데 평일 밤에도 비슷한 실수를 반복하는 경우가 많다. "오늘 하루 고생했으니 이 정도는 괜찮아."라는 생각에 TV, 유튜브, 핸드폰, 인터넷 쇼핑으로 시간을 허비하다 보면, 어느새 자정을 넘기기 일쑤다. 당장은 하루를 수고한 자신에게 보상하는 시간으로 쉬는 것처럼 느껴지지만, 정작 그 시간은 더 피곤하게 만들 뿐이었다.

당신은 주말에 늦잠을 자거나, 스마트 기기를 보다 보면, 쉽게 잠들지 못했던 경험이 있지 않은가? 나 역시 그랬다. 밤이 되면 잠들기가 아까워 자꾸 늦게 잤다. 침대에 누워 한 일은 고작 인터넷 쇼핑, 검색, 드라마 보기였다. 인터넷 쇼핑을 하며, 장바구니에 물건을 가득 담고는 정

오십에 만드는 기적

작 구매하지는 않았다. 생필품을 살 때도 가격을 비교하며 시간을 보냈다. 넷플릭스 드라마를 보느라 새벽까지 깨어 있는 날도 많았다. 몰아보던 그 시간이 당장은 위로가 되는 듯했지만, 결국 나를 더 지치게 했다. 밤에 불을 끈 채 핸드폰을 보다가 눈이 뻑뻑해져, 시력이 나빠지기도 했다. 다음 날 아침에는 제시간에 일어나는 게 더 힘들었다.

이런 습관은 시간 낭비에만 그치지 않는다. 스마트 기기에서 방출되는 블루라이트는 멜라토닌 분비를 억제해 수면을 방해한다. 자기 전에 스마트 기기를 사용할 경우, 멜라토닌 분비가 감소하고 잠들기까지의 시간이 길어진다는 연구 결과도 있다. 수면 부족은 신체 회복과 면역력에 악영향을 미칠 뿐 아니라, 다음 날의 컨디션과 기분까지도 망칠 수 있다.

의학적으로는 밤 열 시에서 새벽 두 시 사이가 수면의 골든 타임이라고 알려져 있다. 이 시간대는 성장 호르몬과 멜라토닌 분비가 활발하여, 뇌와 신체가 깊은 휴식을 취할 수 있는 조건을 갖춘다고 볼 수 있다. 이화여자 대학교 의과대학 이화의료원 신경과 「멜라토닌과 수면」의 연구에 따르면, 멜라토닌 분비는 저녁 7~8시에 올라가기 시작하여 새벽 2~4시경에 가장 높은 농도를 유지한다고 한다. 이 시간에 잠들지 못하면 멜라토닌의 효과가 줄어들고, 수면의 질이 낮아질 가능성이 크다.

미라클 모닝 초반에는 기상 시간만 앞당겼더니 더 피곤했다. 불면증으로 깊은 잠을 충분히 자지 못한 상태에서 수면 시간을 줄였으니 그날 몸 상태가 나빠져 일에도 집중되지 않았다. 취침 시간을 앞당겨 잠이 부족하지 않도록 했다. 나에게 맞는 수면 시간을 찾아갔다. 처음에는 수면 시간이 일곱 시간 정도가 적절하다 판단했다. 열 시 삼십 분에 잠들고, 다섯 시 삼십 분에 일어났다. 핸드폰의 취침 모드 알림 기능을 설정해 잠드는 시간을 지키려 했다. 며칠 지나 다시 핸드폰을 보고, 블로그를 더 하며, 자정까지 깨어 있는 날이 많아졌다. 수면 시간이 일곱 시간이 되지 않자 피로는 누적되었다. 그때부터 새벽 기상을 위해선 반드시 취침 시간을 지켜야 한다는 사실을 깨달았다. 남은 일에 대한 미련을 떨쳐내고 과감히 잠자리에 들겠다는 각오를 했다. 가족들에게 미라클 모닝 실천 사실을 알리고 도움을 청했다. 딸은 열 시가 되면 "엄마, 잘 시간이야." 하며 방의 불을 꺼줬다.

침대에서도 핸드폰을 손에서 떼지 못했다. 그때부터 가족 모두가 핸드폰 거리 두기를 했다. 취침 전에 핸드폰을 거실의 정해진 장소에 두었다. 침대에서 핸드폰을 하지 않으니 바로 잠드는데도 효과가 있었다. 덕분에 핸드폰을 보며 낭비하는 시간도 줄었다. 취침 시간 되기 두 시간 전부터 잘 준비를 했다. 귀가하면 소파에 늘어지지 않고 바로 집안일을 마무리했다. 블로그도 핸드폰이 아닌, 노트북으로 했다.

오십에 만드는 기적

한 시간 전에는 침대에서 책을 읽는 습관을 들였다. 주로 시, 소설, 고전 등을 읽었다. 침대에 앉아서 책을 읽다 보면 자연스레 졸음이 와서, 잠드는 데 어렵지 않았다. 책을 읽으면서 회사 일로 복잡했던 머릿속을 정리했고, 편안한 수면이 가능해졌다. 그렇게 하면서부터는 신기하게도 회사 일과 관련된 꿈에서 벗어날 수 있었다. 점차 잘 자는 날이 늘어났다.

다섯 시 삼십 분 기상에 익숙해지면서 수면 시간을 여섯 시간 삼십 분으로 줄이고 다섯 시에 일어났다. 일찍 잠들고 일찍 일어나는 습관 덕에 잘 자게 되어, 수면 시간이 줄어들어도 피곤하지 않았다. 수면 시간이 아니라 수면의 질이 얼마나 중요한지도 체감하게 되었다. 지금은 열 시에 잠들고, 네 시에 기상하는 루틴을 유지하는 중이다. 여덟 시간을 자도 피곤한 날들이었는데 이제는 여섯 시간 자도 개운하다. 몸이 알아서 적응한다. 낮에 피곤할 때는 십 분에서 이십 분 정도 낮잠으로 조절하고 있다. 짧은 낮잠은 새벽 기상으로 인한 피로를 해소하는 데 효과가 크다.

"밤 열 시에 자는 것이 건강에 좋다.", "잠들기 전에 핸드폰 사용을 자제하라."라는 의사들의 말은 단순한 조언이 아니었다. 나는 이를 진리라고 믿는다. 수면 시간을 충분히 확보해야 새벽 기상이 가능하다. 이를 위해 핸드폰을 내려놓고, 자기 전에 책을 읽으며 몸과 마음을 차분히 다스리는 습관을 들였다. 그러자 신기하게도 새벽 기상이 한결 수월해졌다. 이렇게 실천하며 밤의 유혹에서 벗어날 수 있었다.

밤을 잘 보내야 새벽을 잘 보낼 수 있다. 규칙적인 취침과 기상을 통해 건강한 수면 습관을 유지하는 것이 미라클 모닝의 핵심 원칙이다. 중요한 것은 '일찍 자고, 그 시간을 반드시 지키는 것'이다. 그저 기상 시간만 앞당기면 수면 부족으로 하루를 제대로 보내기 어렵다. 결국, 에너지가 소진되고 집중력이 저하되며 업무 효율도 떨어질 수밖에 없다.

나에게 새벽 기상을 어떻게 하는지 묻는 사람들이 있다. 방법은 아주 간단하다. 일찍 자면 된다. 미라클 모닝은 새벽이 아닌, 전날 밤부터 시작된다. 가장 중요한 것은 취침 시간이다. 전날 일찍 잠들어야 한다. 늦게 일어난 날에도 늦게 잠드는 습관은 피해야 한다. 취침 시간을 반드시 지켜야 한다. 정해진 시간에 잠들어야 기상 시간도 지킬 수 있기 때문이다. 또한, 전날 늦게 잠이 들더라도 기상 시간을 늦추면 안 된다. 아침에 늦게 일어나면 그날 밤도 늦게 잠들게 되고, 수면의 리듬이 깨진다. 정해진 시간에 잠들고 정해진 시간에 일어나는 것이 미라클 모닝의 시작이자 끝이다.

미라클 모닝을 실천하면 저녁 시간을 더 효율적으로 사용할 수 있는 점도 장점이다. 빨라진 취침 시간을 지키기 위해서는 저녁에 의미 없이

오십에 만드는 기적

보내는 시간을 없애야 하기 때문이다. 일찍 자고 일찍 일어나는 이 간단한 원칙이 삶의 질을 결정짓는다. 그런데도 많은 사람이 하루를 정리하지 못한 채 미련을 품고 밤을 보낸다. 이 미련들을 정리하고 깔끔한 마음으로 잠드는 것이 미라클 모닝의 시작인데 말이다. 편안하게 새벽을 맞이하기 위해 내가 전날 밤부터 새벽을 준비하며 실천했던 방법들이다.

밤의 미련을 정리하는 방법.

하나, 취침 시간을 지키겠다고 자신과 약속한다. 수면 시간은 하루 계획을 세우는 기본이다. 몇 시에 잠들지 명확히 정하고, 그 시간을 지키겠다고 자신과 약속해보자. 꾸준히 실천하다 보면 수면 패턴이 안정되고 아침이 더 상쾌하다.

둘, 취침 두 시간 전부터 주변을 정리한다. 취침 두 시간 전부터는 주변을 정리하며 하루를 마무리하는 시간을 가져보자. 정돈하고, 씻고, 잠들 준비를 하면 마음도 차분해진다. 깔끔한 공간은 안정된 잠자리를 만들 수 있다.

셋, 취침 한 시간 전, 전자기기와 거리 두기를 한다. 핸드폰과 TV는 수면의 질을 크게 방해한다. 취침 한 시간 전부터는 전자기기를 멀리하자. "핸드폰 사용과 TV 시청은 낭비의 시간이야."라고 되뇌며, 자신을 유혹에서 떼어내는 습관을 들이는 것이 중요하다. 핸드폰은 잠들기 전에 아예 손이 닿지 않는 곳에 두면 유혹을 사전에 차단할 수 있다.

넷, 남은 일에 대한 미련을 던지고 내일로 미룬다. 아직 끝내지 못한 일이나 풀리지 않은 고민이 있더라도 미련을 버리고, 내일의 나에게 맡겨보자. 해결되지 않은 문제를 침대에 들고 가지 않는 것이 깊은 수면으로 가는 방법이다.

다섯, 과감히 침대에 들어가야 한다. "할 게 너무 많아."라는 핑계로 침대에 들어가는 것을 미루지 말자. 하루의 끝을 정리했다면 과감히 침대에 들어가 휴식을 선택하자.

여섯, 자신을 칭찬하며 하루를 정리한다. "오늘도 수고했어.", "잘했어." 이런 말들이 하루를 긍정적으로 마무리하는 데 큰 힘이 된다. 스스로 자신을 인정하고 칭찬하면 마음의 무게를 덜어내고 가볍게 잠들 수 있다.

일곱, 릴랙스 시간을 가진다. 침대에 누운 뒤, 편안한 휴식 시간을 가지며 몸과 마음을 완전히 이완해보자. 심신을 안정시키는 책을 읽으며 긴장을 푸는 것도 좋은 방법이다. 졸음이 올 때 자연스럽게 잠드는 것이

오십에 만드는 기적

가장 좋다.

　여덟, 마지막으로 긍정 주문이다. 잠들기 전 자신에게 긍정 주문을 걸어보자. "나는 꾸준히 하는 사람.", "나는 새벽을 즐겁게 여는 사람.", "나는 새벽에 일어나 하루를 시작하는 사람." 이 주문이 새벽을 더 활기차고 보람차게 시작할 수 있도록 돕는다.

아침을 주도하면 인생이 바뀐다

"작게 시작하라 그것이 가장 빨리 성공하는 길이다."

- 뮌히 하우젠

'다섯 시 삼십 분에 일어나기만 하자. 알람이 울리면 꾸물거리지 말고 바로 일어나자.'

미라클 모닝을 다짐했을 때, 처음부터 운동, 독서 등 여러 가지 목표를 세우지 않았다. 가장 자신 없던 시간은 아침이었기에, '우선 5시 30분에 일어나기만 하자.' 이 간단한 목표 하나만 정했다. 잠들기 전과 잠에서 깰 때마다 반복해서 의지를 다졌다. 일어나는 습관을 먼저 고치려 했다. 처음부터 새벽에 운동, 독서, 글쓰기 같은 여러 목표를 세우면 쉽게 지치고 포기할 수 있다. 작은 목표부터 시작해 습관으로 익힌 뒤, 점차 목표를 키워나가는 것이 더 효과적이다. 작은 시작에서 열정을 키워가며, 성공의 길을 차근차근 만들어 가보자.

오십에 만드는 기적

이기고 싶은 건 알람이었다. 알람이 울리기 전에 일어난 날은 손에 꼽을 정도였다. 알람이 울리면 일어날 기운조차 없었다. 꿈인지 현실인지 모를 상태에서 침대에서 헤매는 시간은 삼십 분에서 한 시간을 넘길 때가 많았다. 알람 소리는 몽롱한 정신을 억지로 깨우는 신호 같았다. 자는 내내 꿈속에서 헤매다 눈을 뜨면, 그때가 꿈인지 현실인지 가늠할 수 없었다. 마치 영혼이 꿈에서 빠져나오지 못한 느낌이었다. 알람은 분리된 영혼이 억지로 몸으로 돌아오는 소리 같았다. 그 과정이 고통스러워 알람을 여러 종류로 하기도 했고, 핸드폰 알람을 일 분 단위로 맞추기도 했다. 여러 가지 방법을 시도했지만, 효과가 없었다.

나에게 알람이란. 반갑지 않은 불청객이었다. 마치 "너 아직도 안 깼지?" 하고 비웃는 것 같았고, 알람이 울릴 때마다 '내가 눌렀나? 안 눌렀나?' 확인하는 것도 싫었다. 알람이 나를 깨우는 명령처럼 느껴졌고, 잔소리하는 녀석 같았다. 어느 날, 알람이 울리기도 전에 먼저 깼다. 기분이 엄청나게 좋았다. '내가 알람을 이겼다!'라는 승리감이 들었다. 그렇게 알람과 작은 전쟁을 이어가다 문득 깨달았다. '이렇게 애쓰는 게 맞을까? 알람을 친구처럼 받아들이면 어떨까?' 그때부터 알람이 달라 보였다. 알람이 울릴 때 "제시간에 일어나게 도와줘서 고마워."라고 말했다. 나를 응원하는 조력자 같았다. 이제 알람이 울리면 설렘이 찾아온다. 나를 깨우는 소리가 아니라, 미래로 가는 문을 열어주는 신호 같다.

알람과 친해지자, 알람보다 먼저 잠에서 깨는 날이 많아졌다. 하지만, 여전히 기상 직후에는 눈을 뜨기 어려웠다. 더욱 쉽게 잠에서 깨기 위해 찾은 나만의 비법은 '작은 조명'이었다. 알람이 울리면 곧바로 조명을 켜고 주변을 밝게 했다. 그러자 눈이 떠지고 잠에서 깼다. 잠들기 전에는 조명을 보며 "내일도 부탁해."라고 말했다. 아침에 알람을 누르며 조명에 손을 뻗어 켜는 행동이 잠에서 깨도록 하는 스위치가 되었다. 누구는 양치한다, 커피를 마신다, 차를 끓인다 등의 방법을 말한다.

나는 '눈을 뜨는 것' 자체가 힘들었기에 '눈 뜨는 것'을 우선으로 했다. 침대 머리에 걸쳐진 조명을 누르는 행동과 조명이 얼굴로 비추는 불빛이 눈을 뜨게 했다. 눈을 뜨면 "나는 반드시 이 시간에 일어난다."라는 말을 하며 일어났다. 이제는 그 조명을 켜지 않아도 잘 일어난다. 조명 켜기가 비법이라니. 참 간단하지 않은가?

"내가 직접 통제할 수 있는 일들의 대표적인 것이 바로 잠자리 정리다."

- 팀 페리스, 『타이탄의 도구들』, 토네이도

부자들의 습관 중 하나는 아침에 일어나 이불 정리를 하는 것이라고 한다. 사실 나는 깔끔한 것을 좋아해 매일 아침 이불을 정리하지만, 여전히 부자는 아니다. 그렇다면 부자들과 나의 차이는 무엇일까? 어느 날 TV에서 정승제 수학 일타 강사의 일상을 보았다. 알람이 울리자마자 즉시 일어나 바로 이불을 정리하는 모습이었다. 망설임이란 전혀 없었다. 부자들의 이불 정리는 깔끔하게 정리하는 것만이 아니었다. 잠에서 깬 즉시 일어나 움직이는 것. 이불 속에서 꾸물거리지 않고 바로 행동하는 것. '벌떡! 일어나는 것' 그것이 바로 아침을 주도하는 시작이었다.

〈이불 밖은 위험해〉라는 TV 프로가 있었다. 제목부터 좋아서 즐겨 봤었다. '이불 밖은 위험해.'라는 말을 핑계 삼아 침대에 누워 뒹굴었다. 아침에 일어나기 귀찮았다. 출근하기 싫어 천천히 움직이며 시간을 끌었다. 이젠 달라졌다. 잠에서 깨면 바로 일어나 이불을 정리한다.

비가 오거나 추운 날, 이불 속은 더 달콤하고 위험하다. 따뜻한 이불 속에서 핑계를 찾으며 다시 잠에 빠져들기 쉽기 때문이다. 이런 날일수록 '꾸물거림'을 발로 차버리고 일어나야 한다. "오 분만 더…." 하다가 어느새 삼십 분이 흘러가는 경험을 해봤을 것이다. 그럴 때는 이불을 확 걷어내며, 미련을 떨쳐내야 한다. 더는 이불에 붙잡히지 말자. 여름이라 이불이 없다면 발끝에 매달려서 "더 누워 있어."라고 속삭이는 '꾸물이' 그 녀석을 발로 차야 한다. "벌떡!"이라고 말하며 일어나 보라. '꾸물이' 가 사라지고 없다.

"이불 밖은 위험해? NO! 이불 안이 더 위험하다!" 주말 이불 속은 편안하고 안전한 피난처처럼 느껴지지만, 그곳에서 핸드폰만 보고 있으면 금세 하루가 지나가 버린다. 이불 속에서 보내는 시간은 낭비일 뿐이다. 이불 밖은 내가 주도하는 삶을 위해 움직여야 할 곳이다. 지금 바로 이불 밖으로 나가자. 아침에 눈 뜨고 이불에서 꾸물거리지 않으려면 핸드폰을 멀리 둬야 좋다.

아침에는 가까이 있는 핸드폰이 가장 위험한 유혹이다. 핸드폰 알람으로 일어나는 대신 알람 시계를 사용해 보자. 또한, 침대에서 아침 독서는 피해야 한다. 침대에서 책을 읽으면 몸이 나른해 다시 잠들기 쉽다. 새벽 루틴이 독서가 먼저라면 책상이나 식탁에 앉아서 책을 읽어야 한다. 몸을 움직이며 아침을 시작해야 더욱 활기찬 하루를 보낼 수 있다.

새벽 기상을 실천하기 위해서는 자신만의 방법을 만드는 것이 중요하다. 잠에서 깨고 새벽을 즐겁게 맞이하기 위해 실천한 효과적이었던 방법들이다.

기분 좋게 새벽을 여는 잠 깨는 습관.

하나, 알람을 침대에서 멀리 두자. 처음에는 알람 소리가 울려도 손만 뻗어 끄고 다시 눕기 일쑤였다. 알람을 침대에서 손이 닿지 않는 곳에 두었다. 알람을 끄기 위해 일어나 움직이는 것이 새벽 기상을 시작하는 큰 계기가 되었다. 알람도 핸드폰이 아닌 알람 시계를 쓰는 편이 더 효과가 좋다.

둘, 일어나자마자 미지근한 물 한 잔 마시면 좋다. 많은 사람이 아침에 커피나 차를 마신다고 하지만, 나는 미지근한 물 한 잔을 선택했다. 미지근한 물은 몸을 부드럽게 깨워주었고, 속을 편안하게 해줬다. 아침 공복의 물 한 잔은 현대 의학에서도 기본으로 추천하는 방법이다. 물론 따뜻한 차를 마시는 것도 좋은 선택이다. 차는 기분 좋은 향과 따뜻함을 더해주고, 마음을 안정시키는 데도 도움을 준다. 녹차나 허브차 같은 가벼운 차는 위에 부담을 주지 않으면서도 몸을 천천히 깨워준다. 물이든 차든 중요한 건 아침을 부드럽고 평온하게 시작하는 것이다.

셋, 기지개로 몸을 깨운다. 일어난 후에는 즉시 침대 옆에 서서 기지개를 크게 켰다. 팔을 최대한으로 쭉 뻗으며 온몸을 늘리면 잠에서 완전히 깨어날 수 있다. 대충하는 게 아니라 진짜 끝까지 최선을 다해서 최대한으로 늘린다. 기지개는 몸 전체 스트레칭을 하는 효과가 있다. 기지개 하나만으로도 굳어 있던 몸이 풀린다. 내 몸 구석구석으로 새벽의 에너지를 흘려보낸다고 생각하면서 해 보라. 세포가 살아나는 기분이 든다. 가슴이 펴지고 어깨가 올라가며 몸이 한결 가뿐해진다.

넷, 아침에 일어나 양치하고 세수하는 건 몸과 마음을 깨우는 신호다. 양치하면서 입안의 텁텁함을 없앤다. 세수하며 얼굴을 깨끗이 씻어내는 과정은 하루를 새롭게 시작한다는 의식이라 할 수 있다. 차가운 물로 세수하면 머리가 맑아진다. 따뜻한 물로 하면 피부를 부드럽게 깨울 수 있다. 이 행동은 몸에 활기를 더하고 아침의 나른함을 털어내는 데 효과가 있다. 무엇보다도 양치와 세수는 자신이 깨끗하게 정돈된 상태로 하루를 새롭게 맞이하는 신호다.

다섯, 새벽을 즐거움으로 시작한다. 아침에 일어나면 가장 먼저 블로그를 열었다. 이웃들의 글에 댓글을 남기며 하루를 시작하는 것이 내 루틴이다. 그들의 글을 읽다 보면 저절로 웃음이 나왔다. 잠에서 깨는 것이 어렵지 않았다. 이 시간이 내게는 새벽을 더욱 기대하게 하는 중요한 이유다. 즐거움으로 여는 아침은 알람이 울렸을 때 빨리 일어나고 싶은 동기가 된다.

새벽을 활기차게 여는 루틴.

하나, 미소 지으며 일어난다. 눈을 뜨자마자 얼굴에 미소를 지어본다. 미소 하나로도 몸과 마음이 긍정적인 에너지로 채워진다. 하루를 시작하는 기분이 훨씬 가볍다.

둘, 거울을 보며 미소 짓는다. 세수 후 거울 앞에 서서 자신에게 밝은 미소를 보낸다. "오늘도 잘해보자!"라고 스스로 격려하면 마음속 깊이 자신감이 자리 잡는다. 일부러 크게 웃어보자. 처음엔 어색할 수 있지

오십에 만드는 기적

만, 억지로 웃다 보면 점점 기분이 좋아지고 에너지가 차오르는 걸 느낄 수 있다.

셋, 새벽에 일어난 자신에게 칭찬을 꼭 해준다. 새벽에 일어난 나에게 칭찬하는 걸 잊지 말자. "오늘도 해냈어. 정말 대단해!"라며 작은 성공을 인정하는 것은 꾸준히 미라클 모닝을 실천하는 동력이 되어준다.

넷, "사랑해.", "고마워."라고 말한다. 마지막으로 거울 속 자신을 향해 애정 어린 말을 건네자. "사랑해.", "고마워." 이 짧은 말이 하루를 여유로운 마음으로 시작하게 한다. 이를 통해 자신을 아끼고 존중하는 마음을 가질 수 있다.

> "사람이 일어나면 가만히 서 있지 않는다.
> 일어나면 움직이게 되어있고 어떻게든 앞으로 걸어가게 되어있다.
> 그것이 제기이고, 정신을 차리고 내가 가야 할 길이었다."
>
> - 김호연, 『불편한 편의점 2』, 나무 옆 의자

새로 시작하는 일은 절대 쉽지 않다. 처음에는 실패가 반복되더라도 그것은 자연스러운 과정이다. 몇 번 잘되지 않는다고 해서 "나는 안 되는 사람"이라고 자책하지 않았으면 한다. 몇 번의 실패로 자신을 부정하지 말자. 도전 과정을 즐겨야 습관으로 자리 잡을 수 있다. 성공은 완벽하게 잘하려는 데 있는 것이 아니다. 실패 속에서도 계속 나아가는 데 있다. 나 역시 그렇게 과정을 즐기려 했다.

미라클 모닝은 하루를 자신에게 선물하고, 당신을 한 단계 성장시키는 시간이다. 매일 반복하며 쌓아가다 보면 당신의 삶에 기적이 올 것이다. 당신은 어떤 기적을 만나고 싶은가? 알람을 이기려 말고 친하게 지내며 당신만의 아침을 만들어보자. '어떻게 오늘 하루를 시작할 것인가?'를 묻고, 그 답을 실천하며 하루를 주도해야 한다. 이불 속에 머물러 있던 나를 벗고 나만의 아침을 만들어가는 내가 되어야 한다. 작은 습관이 쌓이면, 당신은 어느새 아침을 넘어 하루를 스스로 만들어가는 자신을 만나게 될 것이다. 이제, 당신의 아침을 어떤 방향으로 이끌어 갈 것인지 결정해보라.

새벽을 지배하는 자, 인생을 지배한다

"만약 내가 어떤 일을 포기하지 않고 꾸준히 하는 버릇이 있다면
이미 나는 상위 10% 안에 드는 사람이다.
무엇을 해도 상위 10% 안에 들어간다."

- 김승호, 『사장학개론』, 스노우폭스북스

'조명 켜기 → 이불 정리 → 기지개 켜기 → 화장실 → 물 마시기 → 노트북 켜기 → 목표와 오늘의 할 일 쓰기 → 블로그 → 글쓰기 → 독서 → 운동' 새벽 네 시에 일어나 일곱 시 삼십 분까지 하는 현재 루틴이다. 물 흐르듯이 편안하게 이루어진다. 새벽 시간을 알차게 쓰고 싶어서 여러 가지 시행착오를 겪으며 나에게 맞는 최적의 시간을 만들었다. 처음에는 새벽에 일어나도 머리가 맑지 않고 피곤해서 독서 십 분조차 버거웠다. 꾸준히 반복하다 보니 몸이 점점 적응했다. 지금은 한 시간씩 책을 읽으며 책 한 권을 일주일에 끝낼 수 있다.

엑셀로 일일 시간표를 작성했다. 초등학생 생활 계획표와 비슷하다. 회사 다닐 때는 새벽 시간에만 집중했다. 퇴사한 지금은 기상부터 취침까지 계획표를 짜서 움직인다. 시간 계획표를 작성해 보면, 잠깐의 핸드폰 사용이 얼마나 많은 시간을 낭비하게 하는지 알 수 있다. 루틴을 실천하는 동안에는 핸드폰을 멀리하는 것이 중요하다. 시간은 잠깐 사이에도 무섭게 흘러간다. 새벽 시간을 나누어 자신에게 맞는 최적의 루틴을 만들어가야 한다. 예를 들어, 당신의 새벽 시간이 한 시간이라면 독서 십 분, 운동 이십 분, 글쓰기 삼십 분으로 배분하거나, 또는 독서 삼십 분, 글쓰기 삼십 분으로 나눌 수 있다. 이런 식으로 시간을 조절해야 미라클 모닝을 제대로 완성할 수 있다.

각각 배분된 시간을 준수하기 위해서는 타이머 활용이 좋다. 루틴마다 알람을 설정해 두면 알람이 울릴 때, 하던 일을 멈추고 다음 루틴으로 넘어가기 수월하다. 먼저 루틴을 실험해 보면서, 자신에게 맞는 최적의 시간을 조율하는 것이 더 효과적이다. 처음부터 완벽한 새벽 루틴을 정하려 하지 말자. 여러 가지 시도를 거쳐 자신에게 최적화된 시간과 방법을 찾아가야 한다. 새벽을 이렇게 보내면 하루가 여유롭다.

오십에 만드는 기적

☀ 타임테이블

날짜	스케줄	예상 시간				실행 시간	시간 차이
		시작		종료	예상		
	목표, 스케줄	4:00	~	4:30	0:30	0:30	0:00
	블로그	4:30	~	5:00	0:30	0:30	0:00
	글쓰기	5:00	~	5:30	0:30	0:30	0:00
	독서	5:30	~	6:00	0:30	0:30	0:00
	운동	6:00	~	7:00	1:00	1:00	0:00
	온라인 모임	7:00	~	7:30	0:30	0:30	0:00
	독서	7:30	~	8:00	0:30	0:30	0:00
	아침 식사	8:00	~	9:00	1:00	1:00	0:00
	책쓰기	9:00	~	10:00	1:00	1:00	0:00
	책쓰기	10:00	~	11:00	1:00	1:00	0:00
	책쓰기	11:00	~	11:30	0:30	0:30	0:00
12월 10일	점심 식사	11:30	~	12:00	0:30	0:30	0:00
	글쓰기	12:00	~	12:30	0:30	0:30	0:00
	책쓰기	12:30	~	13:00	0:30	0:30	0:00
	책쓰기	13:00	~	14:00	1:00	1:00	0:00
	책쓰기	14:00	~	15:00	1:00	1:00	0:00
	책쓰기	15:00	~	16:00	1:00	1:00	0:00
	책쓰기	16:00	~	17:00	1:00	1:00	0:00
	저녁 식사	17:00	~	18:30	1:30	1:30	0:00
	책쓰기	18:30	~	20:00	1:30	1:30	0:00
	온라인 모임	20:00	~	21:00	1:00	1:00	0:00
	독서	21:00	~	22:00	1:00	1:00	0:00
시간 계		18:00			18:00	18:00	0:00

　루틴마다 타이머를 사용해 시간 낭비를 최소화하려고 노력 중이다. 어떤 사람은 이 방식이 더 피곤할 수도 있다. 하지만, 늦었다고 생각하는 내가 시간을 아끼는 방법이다. 하루의 시작을 스스로 조절하고 나니, '나 자신에게 투자할 수 있는 시간은 새벽이구나.'라는 깨달음을 얻었고, 더욱 새벽을 원하게 되었다.

새벽은 일 분, 일 초도 허투루 지나가지 않는 시간이다. 이른 아침 몇 분의 차이가 하루를 완전히 바꿔 놓았다. 한 달에 책 한 권도 읽지 않던 내가, 일주일에 한 권을 완독하고, 매일 글을 쓰고, 꾸준히 운동하는 사람이 되었다. 대부분 집이 어둠 속에 잠겨 있는 동안, 우리 집의 불빛만이 켜져 있는 그 순간은 내게 강한 확신을 주었다. '나는 이 시간에 깨어 있다.'라는 자부심이 가슴을 채웠다.

새벽 기상을 통해 내가 가장 크게 배운 것은 꾸준함이 만들어내는 기적이었다. 꾸준함이란 어떤 상황에서도 멈추지 않고 나아가는 힘이었다. 매일 새벽 루틴을 이어가며 작은 시간이 쌓였다. 처음에는 변화가 느리게 보였지만, 몇 개월이 지나 삶이 완전히 달라졌다. 습관은 한 번에 형성되지 않는다. 새로운 습관을 형성하는 데 책에서는 평균 66일이 걸린다고 한다. 하지만 내 경험상, 66일은 시작에 불과했다.

66일은 생각이 익숙해지는 시간이었다. "이렇게 하면 되는 건가?"라고 고민하며 흔들리는 순간이 많았다.

100일은 마음이 단단해지는 시간이었다. "오늘은 패스하고 싶다."라며 유혹과 싸우며 의지가 시험받는 날들이었다.

180일은 몸이 습관을 받아들이는 시간이었다. "이 정도면 되겠지."라는 안일함이 스며들기도 했다.

오십에 만드는 기적

습관은 단기간에 자리 잡기 어렵다. 한두 달 매일 실천한다고 해서 완벽히 내 것이 되지는 않는다. 100일이 지나면 권태기가 찾아오고, 그때 흔들리거나 무너질 수 있다. 이 시기를 넘기고 나면 루틴은 자신의 일부로 자리 잡는다. 180일이 지나면 즐길 수 있고 몸과 마음에 녹아든 본능이 된다. 십 개월 넘게 미라클 모닝을 실천하고, '미라클 모닝 챌린지' 모임을 운영하며 느낀 가장 큰 깨달음도 여기에 있다.

이제는 새벽 네 시 알람이 울리는 즉시 몸이 본능적으로 움직인다. 잠을 못 자도 일어나고, 피곤한 날도 일어난다. 약속이나 일정으로 인해 전날 밤 열한 시가 넘어 잠든 날조차도 그냥 일어난다. 눈이 떠진다. 몸이 알아서 움직인다. 고민할 필요도 없다. 어느새 책상에 앉아 글을 쓰고 있다. 새벽을 열어가는 데 어려움이 없다. 자연스럽게 나만의 시간을 시작한다. 새벽 루틴은 이제는 의지로 실행하는 활동이 아니다.

"새벽에 일어나면 호흡을 크게 하거든. 숨을 크게 들이쉬고 천천히 뱉어. 그러면 세상의 에너지가 온전히 내 안으로 들어오는 기분이 들어."
"그게 정말 느껴져?"
"매일 하다 보니 느껴지더라."

매일 반복된 루틴은 나를 깊이 몰입하게 했고, 새로운 에너지를 선물

했다. 사색에 빠지는 무아지경의 시간을 보내는 날도 있었다. 세상의 에너지가 차올랐다. 새벽의 날들이 쌓이고 쌓여 마침내 나를 더 넓은 세상으로 이끌었다. 이제는 루틴을 수행하지 않는 날이 상상되지 않을 정도다. 새벽과 꾸준함은 나의 정체성이 되었다.

새벽 기상, 처음에는 버거웠지만, 복잡하게 생각하지 않았다. 달력에 매일 동그라미를 채워가는 단순한 목표가 나를 끝까지 이끌었다. '단순하게 시작하라. 매일 동그라미를 하나씩 채워가라.' 그 작은 반복이 새벽을 제대로 보내는 힘이 되었다. 새벽 루틴이 내 몸과 마음에 녹아들면서, 주변의 사소한 것들이 새롭게 보이기 시작했다. 이제는 당신이 새벽의 가능성을 경험할 차례다. 한 달만 지속하면 변화를 체감할 것이다. 100일을 이어가면 새벽이 삶의 중심이 되고, 180일을 넘어서면 새벽은 곧 당신의 삶이 될 것이다. 새벽을 어떻게 보내느냐가 당신의 하루를 결정한다. 새벽을 지배하는 사람만이 인생을 능동적으로 살아갈 수 있다. 누군가는 아직도 깊은 잠에 빠져 있을 시간, 나는 내 꿈을 향해 움직인다. 새벽을 깨우는 순간, 인생이 깨어난다.

새벽 습관이 인생을 바꾸는 이유

"목표에 다가갈수록 고난은 더욱 커진다.
처음에는 깨닫지 못했던 여러 문제가 선명하게 보이는 때,
이때가 바로 목표가 현실로 다가오는 시기이다."

- 요한 볼프강 폰 괴테

나는 왜 굳이 새벽을 선택했을까? 해가 떠오르기 전에 눈을 뜨고 하루의 문을 내가 직접 열고 싶었다. 억지로 눈을 뜨던 삶, 겨우 일어나야만 했던 삶을 던져버리고 싶었다. 그래서 선택한 시간이 바로 새벽이었다. 오랜 불면증으로 두려워했던 새벽을 내 삶의 일부로 받아들이며 삶을 바꿔보고 싶었다.

나는 왜 삶을 바꿔보고 싶었을까? 이유는 단 하나, 절박함이었다. 우리는 모두 각자의 비극을 가지고 있다. 절박함은 내가 바닥에 있다고 느낄 때 찾아왔다. 그때 올라가기만 하면 된다. 새벽을 즐기며 그 바닥에서 올라왔다. 오늘의 새벽은 나를 다시 찾는 시간이다. 비 오는 새벽에

도, 어두운 밤이 길게 이어져도 날은 밝아온다. 바깥세상으로 나만의 아침을 맞이할 때, 나 자신이 만들어낸 시간의 가치를 느낀다.

미라클 모닝 챌린지를 운영하기 전, 육 개월 넘는 기간 동안 하루도 빠지지 않고 혼자서 미라클 모닝을 했다. 어떻게 혼자서 해낼 수 있었을까? 사실, 나에게는 숨겨진 비법 하나가 따로 있었다. 그것은 바로 '회사를 향한 분노'였다. 견딜 수 없는 그 감정이 나를 이 자리까지 오게 했다. 조직의 부당함 앞에서 무력했던 나에게 절망했다. 회사 후배들에게 더는 도움을 줄 수 없는 내 모습이 비참했다. 그때 결심했다. '두고 봐라, 보란 듯이 성공한다.', '나는 반드시 해낸다.' 새벽이 망설여질 때마다 회사에서의 기억을 떠올렸다. 오늘 하지 않으면 내일은 더 어렵겠다는 불안감에 결국 일어나지 않을 수 없었다. 어떤 날은 울며 일어났다. 또 어떤 날은 주먹을 불끈 쥐고 일어났다. 가끔은 미래에, 성공한 나를 상상하며 힘을 내기도 했다.

이 과정이 쉽지 않았다. 매일 아침, 망설이는 일이 분은 길게 느껴졌다. 그 짧은 시간 동안 많은 생각이 스쳐 지나가지만, 결국 일어났다. 나를 일으켜 세운 것은 두려움이었다. 목표를 이루지 못하는 것. 나와의 약속을 지키지 못하는 것. 일 년 후에도 여전히 불안해할 나 자신. 그 두려움이 나를 일어나게 했다. 망설이다가 멈추게 될까 봐 겁이 났다. 다시 절망을 겪고 싶지 않았다. 지금은 새벽을 기다리고, 미소 지으며 일어난다. 분노가 아닌 긍정으로 가득 찬 아침을 맞는다. 이제는 회사를 향한 감정도 남아 있지 않다. 회사에 감사한 마음이다.

미라클 모닝은 『50대에 시작해서 돈 버는 이야기』라는 책에서 읽은 "닥치고 새벽에 일어나라."라는 글에서 시작되었다. 그 말이 내게 "그렇다면 나도 해 볼까?"라는 용기를 주었다. 그렇게 시작한 새벽 기상은, 야근으로 피곤한 몸을 이끌고도 놓지 않았다. "나는 새벽에 일어나는 사람이다."라는 확신으로 매일 실천한다.

매일 반복하다 보면 아침은 반드시 찾아온다. 출근 준비 전 단 십 분이라도 먼저 일어나 나만의 시간을 보내 보자. 그 짧은 순간이 변화를 시작하는 계기가 되어, 삶을 다시 나아갈 수 있게 한다. 이런 시간이 '나의 미래로 이어진다.'라고 믿는다. 나를 성장시킨 것은 새벽이 선물한 이 몰입과 변화의 시간이었다. 당신은 지금 어떤 시간을 보내고 있는지는 스스로 결정해야 한다. 밤에 머물러 있을지, 새벽을 지나갈지, 아침을 맞이할지는 당신의 마음에 달려 있다.

나는 의지가 강한 사람도, 끈기가 남다른 사람도 아니다. 이상하게도 미라클 모닝만큼은 계속할 수 있었다. 그 이유는 세 가지였다

첫 번째 비결은 좋아하는 후배에게 멋있는 선배로 남고 싶은 마음이다. 나를 따르며 조언을 구하는 후배다. 미라클 모닝 애기를 듣고는 "와. 역시 선배는 달라. 리스펙!"이라고 말하는데, 그 순간 어깨가 으쓱하고 기분이 좋아졌다. 그 후배에게 멋있는 선배로 남고 싶었다.

두 번째 비결은 아들에게 포기하지 않는 엄마의 모습을 보여주고 싶은 간절함이다. 아들이 입대 전 군 생활을 걱정할 때였다. 미라클 모닝을 실천하는 모습을 보여주면 아들에게 자극이 될 수 있지 않을까 하는 생각이 들었다. 내 예상대로 방구석 게이머였던 아들은 미라클 모닝을 하는 나를 보며 자극을 받았고, 입대 전 한 달 동안 한두 시간씩 운동했다.

세 번째 비결은 블로그에 매일 아침 미라클 모닝 글을 쓰는 것이다. 칭찬과 격려의 댓글에서 힘을 얻었다. 약속을 지키는 사람이 되고 싶었다. 미라클 모닝을 계속하고 싶은 이유다.

미라클 모닝을 시작하든, 운동을 시작하든, 변화를 결정했다면 주변에 알려보자. 가족에게는 도움을 받고, 주변에는 조금 특별한 사람이 되어보는 거다. 블로그에 공언하면 응원도 해주지만, 어려울 때는 조언도 해준다. 그들에게 약속을 지키려는 마음이 더 강해질 것이다.

오십에 만드는 기적

목표에 가까워질수록 더 큰 어려움이 다가왔다. 그 어려움이 성장의 기회임을 깊이 느꼈다. 고난은 성취로 가는 필수적인 단계였다. 새벽길을 걸으며, 여러 번 그만하고 싶은 순간이 찾아왔지만, 나에게 말했다. "이 시간이 더 강해지고 있는 순간이야." 새벽에 나와 대화를 나누고, 이루고 싶은 목표를 정했다. 이를 실현할 계획들을 세웠다. 나도 할 수 있다는 믿음이 싹텄다. 새벽 속에서 한층 더 생산적인 삶을 살고 있다는 생각이 들었다. 집중력이 높아지고, 책을 읽으면 이해가 더 잘 되었다. 세상이 멈춰 있는 듯한 시간 속에서 나 혼자만 살아 있는 시간 같았다. 나를 방해하는 것도, 신경 쓰이는 것도 없이 그 순간들을 온전히 나를 위해 충만하게 보낼 수 있었다.

성장은 고난을 동반한다. 목표를 향해 나아갈수록 예상치 못한 장애물이 늘어난다. 장애물은 우리를 단련시킨다. 포기하고 싶은가? 그렇다면 목표가 가까워졌다는 증거다. 한 걸음 더 나아가라. 그 순간이야말로 더 강해지는 때다. 새벽은 나를 변화시켰다. 이제 당신이 새벽을 시작할 차례다.

🎯 오십이여, 지금 당장 도전하라

1. 아침을 지배하면 하루가 달라진다.

2. 미라클 모닝은 유행이 아니라, 인생을 바꾸는 습관이다.

3. 전날 밤을 준비하면 아침이 달라진다.

4. 새벽 1시간이 당신의 미래를 결정한다.

5. 오십 이후, 인생을 새롭게 설계하라!

오십에 만드는 기적

3장

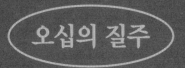

오십의 질주

한계를 넘어, 새로운 나로 다시 태어나라

몸을 바꾸면, 인생이 바뀐다
움직이는 순간, 삶이 달라진다

한계를 돌파하여 비실이를 탈출하라

"작은 성공부터 시작하라.

성공에 익숙해지면 무슨 목표이든 할 수 있다는 자신감이 생긴다."

- 데일 카네기

나는 초등학교 육 년 동안 한 번도 개근상을 받지 못했다. 어릴 적부터 몸이 허약해 자주 아팠고, 결석을 여러 번 했다. 부모님은 내가 밖에서 뛰어노는 것보다 집에서 쉬길 더 바라셨다. 나도 TV를 보거나 만화책을 읽으며 늘어져 있는 게 더 좋았다. 운동회 날, 달리기는 언제나 꼴찌였다. 열심히 달리다가 넘어지던 기억이 마음속에 깊게 남았다. 운동회 날에는 다리를 다쳐 달리기를 못하게 되는 상상을 하곤 했다.

미라클 모닝 전, 심해진 불면증으로 새벽마다 잠을 설치던 어느 날, 학교 운동장에 나가 걸었던 적이 있다. 운동장에 가면 아침마다 꾸준히 뛰는 한 사람이 있었다. 그 사람은 운동장에 갈 때마다 항상 달리고 있었다. '와, 대단하다. 나는 저렇게 절대 못 할 거야.' 달리기는 할 수 없는 것이라고 단정 지었다. 어릴 적부터 달리기를 피하고 싶었다. 마음속으로는 운동은 평생 내 일이 아니라고 여겼다. 급한 상황에서도 뛰지 않던 나였다. 조금만 뛰어도 숨이 찼기 때문이다. 예전에 공항에서 비행기 시간이 다가왔을 때도 뛰지 않은 적이 있었다. 그렇게 빨리 걷기만 하다 비행기를 놓칠 뻔하기까지 했다. 그만큼 달리기에 대한 거부감이 컸다.

언젠가 친구의 권유로 요가를 삼 개월 정도 했던 적이 있다. 하지만 몸이 너무 뻣뻣해서 금방 포기했다. 그렇다 해도 운동에 대한 필요성을 계속 느끼긴 했다. 시간이 지날수록 체력이 떨어지는 것이 느껴졌기 때문이었다. 건강검진에서 정상으로 나오던 수치가 고지혈증과 심혈관 지수로 경고를 보냈다. 운동을 피할 수 없다고 생각했다.

새벽에 일어나 독서만 했더니 졸음이 밀려와, 일단 한번 나가 보기로 했다. 다른 사람들처럼 거창한 운동은 못 하고, 걷기부터 했다. 아침마다 운동장에 나가 이십 분씩 걸었다. 그땐 걷기만 해도 버거웠다. 한 달쯤 걷다 보니 조금씩 몸이 풀리는 느낌이 들었다. 시간이 지나면서, 운동장에서 달리는 사람들이 눈에 들어왔다. 나도 조금은 달리고 싶다는 마음이 들었다. 그러던 어느 날 기분이 좋길래, 무심코 100m를 뛰어봤다. 숨이 턱 끝까지 차올랐다. 다리가 후들거리고 심장이 요동쳤다. 그 순간 안에서 뭔가 깨어나는 느낌이 들었다. 그날부터 걷기와 100m 달리

오십에 만드는 기적

기를 병행하기 시작했다. 내가 달리고 있다는 사실 자체가 신기했다.

매일 달리기 목표를 세우고, 그 목표를 조금씩 초과해 보려 노력했다. 목표가 100m라면 150m를, 200m라면 250m를 뛰었다. 처음에는 작은 목표라도 달성하는 것이 중요했다. 어느 정도 뛰고 나면 '이 정도면 충분하지 않을까?', '더는 못 하겠어.'라는 생각이 스쳐 지나갔다. 그럴 때마다 마음 안에서 작은 목소리가 속삭였다. '조금만 더, 한 걸음만 더!' 그소리에 의지해 다시 발을 내디뎠다. 한 걸음, 또 한 걸음. 그렇게 목표보다 조금 더 나아갔다. 걷기부터 시작해 달리기로 이어지는 이 과정은 나에게는 큰 도전이었다. 매일 조금씩 더 달렸다. 어제의 나보다 조금 더 강해지고 있었다. 150m, 200m, 300m… 조금씩 거리가 늘어나면서 성취감이 커졌다.

몇 걸음만 뛰어도 숨이 거칠어지고, 심장이 쿵쾅거렸다. 더는 무리라고 말하는 소리가 들릴 때가 많았다. 그럴 때마다 포기하는 대신, 잠시 제자리에서 숨을 고르며 심호흡을 했다. 숨을 가다듬고 나면 몸과 마음이 가벼워졌다. 다시 뛰어갈 힘이 생겼다. 다시 더 달리면 다리 근육이 돌처럼 굳어가는 느낌이 들 때가 온다. 그러면 다시, 숨 고르기를 하고 뛰었다. 목표보다 더 나아갔다. 더 큰 추진력을 얻을 수 있었다.

숨을 고르고 재정비하는 이 과정은 비단 달리기에만 국한되지 않았다. 삶의 여러 순간에서도 숨을 고르는 것이 필요했다. 숨을 고르면, 육체적인 피로를 해소하는 것 이상으로 내면의 무거운 짐도 함께 덜어내며 나를 새롭게 다잡을 수 있었다. 직장에서 중요한 결정을 내려야 할 때, 예상치 못한 문제로 스트레스를 받을 때, 혹은 인간관계에서 답답함이 밀려올 때도 마찬가지였다. 바로 해결해야 할 것만 같은 압박감 속에서도, 한 걸음 뒤로 물러서서 숨을 고르고 다시 바라보면 보이지 않던 해결책이 떠오른 적이 많았다.

숨 고르기는 새로운 시선과 흐트러진 마음을 정리할 기회를 주었다. 그 시간을 통해 감정에 휘둘리는 대신, 이성적으로 상황을 분석하고 보다 나은 결정을 내릴 수 있었다. 가만히 눈을 감고 천천히 숨을 내쉬며 내면의 소리를 들어보면, 답은 이미 내 안에 있었다. 삶이 숨이 찰 만큼 벅찰 때, 서둘러 앞만 보며 달리려 하지 말고 잠시 멈춰 숨을 고르자. 그러면 더 가벼운 마음으로, 더 강한 걸음으로 다시 뛸 수 있을 것이다. 숨을 고르는 건 멈추는 것이 아니다. 그것은 더 멀리 나아가기 위한 재정비의 시간이며, 다시 뛰어오를 힘을 기르는 과정이다.

매일 달리기하다 보니 체력이 좋아지면서 하루가 더 활기차졌고, 스트레스가 줄어들었다. 긍정적인 생각도 많아졌다. 나에 대한 믿음도 더 커졌다. 처음에 200m가 목표였다. 점점 500m를 넘었고, 1km를 달릴 때마다 내 한계를 조금씩 넘어섰다. '나는 달리기를 할 수 있어.'라고 마음을 바꾸며 '조금 더'를 실천하며 나아가다 보니, 어느새 3km를 달릴 수 있다. 어릴 적 운동회에서 늘 꼴찌였던 내가, 이제는 달리기를 즐기고 있다. 지금도 '오늘은 힘든데 그만할까?'라는 생각이 들 때가 있다. 그럴 때마다 잠시 숨을 고르고 다시 뛴다. 조금씩 나아가다 보니 나의 한계가 어디까지인지 알 수 없게 되었다. '못한다.'라는 한계는 내가 정한 것이었다.

걷기조차 힘들어하던 비실이가 매일 달리고 있다. 3km를 달린다. '언젠가 나도 하프 마라톤이라도 도전해 볼까?'라는 생각을 할 때도 있다. 당신도 지금 어떤 한계를 정해두고 그 안에 갇혀 있는가? 남들은 잘하는데 '나는 절대 할 수 없다.'라고 단정 짓고 있지 않은가? 작은 시도부터 시작해 보자.

매일 해 보라. 목표가 크고 막연해 보이더라도 매조금씩 시도하며 자신을 넘어서 보자. 숨이 찰 때는 잠시 숨을 고르자. '조금 더' 해내자. 어느새 당신은 자신의 한계를 뛰어넘은 새로운 자신을 만나게 될 것이다. 한계는 당신이 만든 벽이다. 당신은 충분히 그 벽을 넘어설 수 있다. 한계를 넘는 것은 생각보다 어렵지 않다. '이 정도 이상은 못 한다.'라는 생각을 날려버리면 된다. 당신이 만든 벽을 스스로 허물어라. 그 벽을 넘는 순간, 당신은 이전과는 전혀 다른 세계를 보게 될 것이다. 그 벽 넘어 당신이 몰랐던 더 큰 가능성이 당신을 기다리고 있음을 당신에게도 보여주고 싶다.

오십에 만드는 기적

삶을 바꾼다, 지금 당장 뛰어라

"운동화 한 켤레 후다닥 신고 문밖으로 달려나가면
당신이 있는 곳이 바로 여기, 자유."

- 좀 제론

    비 오는 여름 아침이었다. 평소라면 비 오는 날엔 집에 있었다. 그날은 아침 운동을 못 나가면 어깨가 뻐근하고 마음이 답답해질 것 같았다. 우산을 쓰고 나갔다. 차가운 빗방울이 우산 위로 떨어지는 소리가 귀를 간지럽혔다. 몇 발짝을 내딛자, 우산을 쓰고 걸으러 나온 사람들 몇 명이 보였다. '아, 비 오는 날에도 이렇게 운동 나오는 사람들이 있구나.' 발걸음이 조금씩 빨라지고 어느 순간, 우산을 접고 뛰었다.

    빗방울이 얼굴에 닿을 때마다 서늘함과 동시에 느껴지는 해방감이 온몸을 감쌌다. 빗속에서의 자유로움이 어릴 적 비를 맞으며 뛰어놀던 그 시절의 감정을 되살아나게 했다. '비를 싫어했던 내가, 비를 맞으며 웃고 있다니!', '비 오는 날에도 이렇게 즐겁게 뛸 수 있다니!' 비가 오면 바깥 활동은 안 된다고 여겨 늘 집에만 있었다. 그것은 착각이었다. '안 된다.'라고 단정 짓지 않으면 새로운 길이 보였다. 그동안 '안 된다.'라고 단정하며 멈춘 일이 얼마나 많았을까? 불가능해 보이던 것도 시야를 바꾸면, 가능성이 보였다. 생각을 바꾸고 시선을 돌리면, 할 수 있는 것들이 많았다. 비 오는 날에도 바깥 운동을 할 수 있었다.

　변화는 어디에서부터 시작되었을까? 아침을 힘들어하던 내가, 운동을 피하던 내가, 이제는 아침이 되면 밖으로 나가고 싶어진다. 비를 싫어하던 내가, 이제는 비를 맞으며 걷는 것이 즐겁다. 변화는 큰 결심에서 시작되지 않았다. 매일 조금씩 걷고 뛰는 과정에서 작지만 강한 자부심이 모였다. 나를 믿고 조금 더 도전하는 지금이 좋다. 이전의 나였다면 상상도 못 할 변화를 경험하고 있기 때문이다. 이제는 아침에 나가는 것이 습관이 되었다. 비가 오면 더 운동하고 싶어진다. 빗소리는 시원하게 몸을 깨우는 소리처럼 들린다. 비 오는 날에도, 피곤했던 어제를 날리고 오늘을 신나게 시작한다. 매일 달리며 시간의 힘을 느낀다. 달리면서 시원한 바람을 맞으면 몸도 마음도 새롭게 리셋되는 기분이 든다. 달리기하지 않으면, 무언가 빠진 것처럼 아쉽다.

　"누나, 별일 없지? 어떻게 지내?"
　"요즘, 새벽에 달리기해."

"뭐라고? 누나가 뭘 해? 달리기할 수는 있어?"

남동생과의 대화였다. 남동생은 헬스 트레이너다. 나는 운동과 거리가 먼 사람이었고, 동생도 굳이 나에게 운동을 권하지 않았다. 그런 내가 달리기를 한다는 소식에, 동생은 믿기지 않는다는 듯 당황해했다. 그 목소리가 아직도 생생하다. 내가 달리기를 한다는 사실이 나조차도 놀랍다.

달리기하면서, 놀라운 변화가 생겼다. 운동을 꺼리던 내가 달리기하며 땀을 흘리고 있다. 달리기를 마치면 온몸이 땀에 젖고, 숨이 거칠어지지만, 기분은 상쾌하다. 거울을 보면 얼굴이 달아올라 붉게 물들어 있다. 가슴 깊숙한 곳에서 뿌듯함이 차오른다. '세상에 내가 달리기하는데, 다른 건 못 할까?' 마음 풍선에 희망찬 바람이 가득 차 무엇을 해도 잘될 것만 같은 기분이 든다. 기분 좋은 땀방울이 흐를 때마다, 내 안에 새로운 에너지가 채워지는 듯하다.

오늘 하루도 충분히 잘 해낼 수 있을 것만 같다. 달리기를 안 할 수가 없다. 내가 너무 기특하다. 어제보다 오늘, 조금 더 멀리 달려온 나 자신이 대견하다. 어릴 적, 운동회를 피해 도망치고 싶어 하던 아이가 이제는 스스로 달리기를 선택하며 앞으로 나아가고 있다. 달리기는 내 삶의 전환점이 되었다. 나 자신을 믿게 해주었다.

오십 년 인생에 이런 날이 올 줄 몰랐다. 늘 운동과 거리가 멀었던 내가, 새벽 공기를 가르며 자신을 단련하는 사람이 되었다. 삶이란, 한 치 앞도 예상할 수 없는 여정이다. 인생이 어떻게 흘러갈지는 정말 아무도 모른다. 결국, 인생의 흐름은 우리가 만드는 것이다. 우리는 어제와 같은 오늘을 살 수도 있고, 전혀 다른 길을 선택할 수도 있다. 오늘도 나는 나를 뛰어넘고 있다. 내일은 또 어디까지 나아갈지 기대하면서 오늘도 나는 달린다.

오십이 넘어 달리기를 시작한 나처럼, 당신도 새로운 무언가를 시작해 보는 건 어떨까? 새로운 도전은 나이와 상관없다. 언제든, 어디서든 시작할 수 있다. 중요한 것은 '지금부터라도 해 보자.'라는 마음으로 한 발 내딛는 것이다. 처음에는 어렵게 느껴질 수도 있지만, 매일 조금씩 해내다 보면 익숙해진다. 한 걸음 내디딜 때마다 당신도 달라질 것이다. 멈춰 있으면 늘 지금 그대로이다. 지금 한 걸음 내디딘다면, 당신이 상상하지 못했던 곳까지 갈 수도 있다. 지금이야말로 당신의 인생을 바꿀 가장 완벽한 순간이다.

오십에 만드는 기적

달리기로 과거의 나를 박살내라

"나는 달려가면서 그저 달리려 하고 있을 뿐이다.
나는 원칙적으로는 공백 속을 달리고 있다.
거꾸로 말해 공백을 획득하기 위해 달리고 있다."

- 무라카미 하루키, 『달리기를 말할 때 내가 하고 싶은 이야기』, 문학사상

달리기하다 보면 나만의 생각 속에 깊이 빠져들 때가 있다. 세상 소리가 들리지 않고, 주변에 운동하는 사람도 보이지 않으며, 헉헉거리는 숨소리조차 들리지 않는다. 온전히 나에게 깊이 빠져드는 것이다. 그러다 다시 세상이 눈앞에 선명해지고, 숨소리가 크게 들린다. '아, 나는 지금 달리고 있구나.' 나만의 세상에 빠져 있다가 바깥세상으로 나오는 순간이었다.

'앞으로도 지금처럼 살 것인가요? 일 년 전의 당신은 어땠나요?'

평소 달리기할 때, 한쪽 귀로는 동기부여 동영상을 들으며 나만의 생각에 잠기곤 했다. 그날따라 동기부여 강사의 질문이 귀에 크게 들렸다. '일 년 전의 난 어땠지?' 다른 생각에 빠졌다. '사 년 전에는 어떤 상태였지? 팔 년 전에는? 십이 년 전과 지금은 다를까?'

"주니야, 뭐 하고 있어? 그렇게 웅크려 있지 말고 일어나."

생각에 잠길수록 과거의 내가 보였다. 십이 년 전의 난 불안과 불만으로 가득 차 있었다. 뜻대로 되지 않는 상황에 나와 세상을 미워했다. 그때의 난 귀를 닫고 주저앉은 채로 숨어 있었다. 팔 년 전, 사 년 전, 오십되던 해에도 여전히 같은 모습이었다. '아, 세상을 불신하고 나 자신을 의심하며 살아왔구나. 그렇다면 지금은?' 그 순간 내 안에 있는 '현재의 나'와 눈이 마주쳤다. 과거와 지금은 달랐다.

"지금 너는 어떠니? 넌 잘하고 있어. 너를 탓하지 마. 오늘의 너는 어제와 달라. 삼 년 후의 넌 지금과 다를 거야. 넌 반드시 이룰 거야."

달리기하며 내면의 나와 대화했다. 가슴 깊숙한 곳에서부터 울컥하는 감정이 밀려왔다. 오랫동안 묻어두었던 감정이 차오르더니, 결국 참지 못하고 눈물이 터졌다. 엉엉 소리 내어 울었다. 그동안 쌓였던 모든 억눌린 감정들이 한꺼번에 풀려나가는 듯했다. 계속 달렸다. 달리면서 떠오르는 생각들을 놓아주고 싶었다. 억눌렸던 후회, 과거의 아픔, 나에게 품었던 원망, 이루지 못했던 꿈들이 한꺼번에 스쳐 지나갔다. 이상하게도, 이 모든 것이 아프게만 느껴지지 않았다. 가슴이 후련해졌다. 괴로움이 눈물과 함께 씻겨 내려가는 듯했다.

달리기하며 나를 가장 솔직하게 마주할 수 있었다. 조금씩 과거의 나를 내려놨다. 무거운 짐을 벗어 던졌다. 세상은 계속 움직이고 있었지만, 내 안의 시간은 멈춘 듯했다. 현실과 단절된 공간 속에서, 오롯이 나 자신만을 위한 순간이 펼쳐졌다. 그동안 바쁘다는 이유로 외면했던 '진짜 나'와 마주하는 순간이었다. 그 순간이 지나가고, 조금 더 나를 받아들일 수 있게 되었다.

일본의 저명한 소설가 무라카미 하루키는 1982년 마라톤을 시작한 후 매일 달리기를 하고 있다. 그는 자신의 저서 『달리기를 말할 때 내가 하고 싶은 이야기』에서 달리기를 통해 얻은 삶의 철학을 풀어내기도 했다. 그에게 달리기는 자신을 단련하며 삶을 깊이 사색하는 시간이었다. 달리면서 그는 끊임없이 자기 자신과 대화했다. 자신의 한계를 시험하며 성장하는 시간을 가졌다.

나도 같은 경험을 했다. 처음에는 그저 몸을 움직이기 위해 시작했다. 매일 반복하면서 달리기는 나를 정리하는 시간이 되었다. 주변이 조용해지는 순간, 온전히 나에게 집중할 수 있었다. 누구의 평가도 신경 쓰지 않고, 오롯이 내 생각과 감정에 몰입했다. 어느 순간부터 땀을 흘리며 몸은 지쳐가는데, 마음은 점점 더 자유로워졌다. 복잡했던 생각들이 정리되고, 감정도 차분해졌다. 깊이 숨을 들이마시고 내쉴 때마다, 내 안의 불안도 함께 사라졌다.

우리는 매일 수많은 생각과 감정을 안고 살아간다. 그중 많은 것들은 사실 불필요한 걱정과 두려움에서 비롯된 것이다. 달리면서 나는 그것들을 하나씩 놓아주었다. 그리고 깨달았다. 삶은 마라톤과 같다. 중요한 건 멈추지 않는 것이다. 무라카미 하루키처럼, 나도 달리기를 통해 내면의 소리를 듣고, 삶을 정리하고, 새로운 영감을 얻는다. 당신도 달리기하게 되면 깨닫게 될 것이다. 자신을 마주하는 순간, 당신은 과거의 자신이 아니다. 그리고 새로운 길이 열렸다.

오십에 만드는 기적

실패란 없다! 나만의 패스 쿠폰 전략

"인간은 패배하도록 창조된 게 아니야.

인간은 파멸당할 수는 있을지 몰라도 패배할 수는 없어."

- 어니스트 헤밍웨이, 『노인과 바다』, 민음사

도전을 시작했다면 '실패'라는 단어는 사전에서 지우자. 하루가 마음 먹은 대로 흘러가지 않더라도 괜찮다. 십 분이라도 루틴을 실천했다면 충분하다. 중요한 것은 매일 나를 믿고 조금씩 실천하는 거다. '중꺾마.' 라고 하지 않은가. '중요한 건 꺾이지 않는 마음이다.'라는 말처럼, 마음 대로 되지 않는 건 과정일 뿐이다. 포기만 하지 않으면 결국 이루고 만다는 확신이 필요하다. 파멸은 어쩔 수 없는 상태지만, 패배는 내가 선택하는 것이다. 내 전쟁터에서 백기를 들지 말자. 이긴다는 마음으로 전쟁에 맞서야 인생의 승리를 거머쥘 수 있다.

이제 '실패'라는 단어를 쓰지 않는다. 미라클 모닝을 시작한 이후로 하루도 빠짐없이 실천하며 작은 성공을 매일 더 해가고 있다. 처음에는 하루라도 멈추지 않겠다는 각오로 시작했지만, 사람은 늘 완벽할 수 없다. 마음이 약해지는 날이 생기기도 했다. 그럴 때마다 '실패'라고 말하지 말고 다른 이름을 붙여보기로 했다. 나만의 패스 쿠폰을 하나 만들었다. 이 패스 쿠폰은 정말로 힘들 때 사용할 수 있는 든든한 여유였다. 하루를 쉬어도 괜찮다는 나 자신의 허락이었다.

마음속 패스 쿠폰은 꼭 필요할 때만 쓰기로 정했다. 단 하나만 주어졌으니 함부로 쓸 수 없었다. 하지만 오히려 그렇기에 긁지 않은 복권처럼 나를 지탱해 주는 힘이 되었다. 어느 날은 너무 피곤해서, 또 어떤 날은 도저히 집중할 수 없을 만큼 마음이 지쳐서, 패스 쿠폰을 꺼내고 싶어질 때가 있었다. 그때마다 다시 묻곤 했다. '오늘, 이 쿠폰을 써도 후회하지 않을까? 이 순간이 최선일까?' 그 질문에 답하며, 내 안의 의지가 되살아났다. '패스할 수도 있지만, 지금 해내고 있어. 오늘도 잘했어.' 힘들고 지치는 날에도 쿠폰을 쓰지 않고 견디는 나 자신이 얼마나 대견하게 느껴졌는지 모른다. 어쩔 수 없이 해야 하는 의무가 아닌, 패스할 수 있다는 선택지가 있다는 것 자체가 나를 더 강하게 만들었다. '한 번 쉬어도 괜찮아.'라는 여유 속에서, 오히려 꾸준함을 이어가는 힘이 생겼다. 패스 쿠폰은 하루 쉬어도 된다는 의미를 넘어, 마음을 다스리며 꾸준히 나아가는 길로 이끌어주는 나만의 작은 전략이 되었다.

오십에 만드는 기적

새로운 도전이 습관으로 자리 잡기까지는 하기 싫은 날, 안 되는 날을 피할 수 없다. 그런 날들이 오더라도 '실패'라는 단어를 내 삶에서 지웠다. 자책하기보다 내 선택을 격려하는 마음을 가지려 했다. 어차피 이 길은 나의 결정이다. 과정에서 좌절하지 않고 멈추지 않으면, 실패는 없다. 패스 쿠폰이 있기에 나는 부담 없이 계속 갈 수 있었다. 나는 넘어질 수도 있지만 멈추지 않았다.

이제는 누구에게나 자신 있게 말할 수 있다. 패스 쿠폰을 만들어보라고. 쉬어도 괜찮다고. 하지만 멈추지 않는다면, 당신은 절대 실패하지 않는다. 여유가 생기면, 한두 번의 실수도 담담히 받아들일 수 있게 된다. 실패 대신, 여유라는 쿠폰을 품고 나아가보자. 성장의 시간을 품는 특별한 입장권. 특별 입장권이 있는 난 실패를 내 삶에 허락하지 않는다.

'나에게 실패란 없다. 패스 쿠폰이 있는 한, 멈추지 않으면 결국 승리한다.'

달리기가 가져온 인생의 다섯 가지 기적

"우리가 늙어서 운동을 그만두는 것이 아니라
우리가 운동을 그만두기 때문에 늙는 것이다."

- 케네스 쿠퍼

"요즘 피부과 다니세요? 얼굴이 반짝반짝 빛나는데요. 늘 피곤해 보였는데, 오늘은 하품도 안 하시고… 그러고 보니 살도 빠진 것 같아요…."

직장 동료가 내게 건넨 말이다. 달리기를 시작하고 시간이 지나면서 몸과 마음은 달라졌다. 하루하루 분명한 변화를 느낀다. 기적처럼 경험한 다섯 가지 변화를 나눠보고 싶다.

하나, 살이 빠졌다. 단순히 체중만 줄어든 것이 아니다. 출산 이후 절대 빠지지 않던 애증의 뱃살이 눈에 띄게 줄었다. 바지를 입을 때마다 차이를 느꼈다. 허리가 꽉 끼던 바지가 헐렁해진 쾌감을 알겠는가? 십 년 넘게 매일 아침 체중을 재던 습관도 사라졌다. 아침마다 체중을 재며 숫자에 신경 쓰곤 했지만, 자연스럽게 잊어버리게 되었다. 불필요한 숫자에 연연하지 않게 된 것도 달리기가 준 소중한 변화다. 특히 갱년기 체중 증가로 뱃살이 더 늘어나 볼품이 없다고 말하는 지인들이 있다. 달리기는 뱃살 빼는 데에 제격이다. 매일 아침 공복에 하는 유산소 운동이 건강한 다이어트를 이루는 최고의 방법임을 새삼 알게 되었다.

둘, **체력이 좋아지고 아프지 않게 된다.** 예전에는 회사에서 온종일 하품을 달고 살 정도로 만성피로에 시달렸다. 이제는 달리기 덕에 활력이 넘쳐 뭘 해도 힘이 남는 느낌이다. 나이가 들수록 근육이 줄면서 더 아프게 되는 경우가 있다. 평생을 운동하지 않은 난 어떻겠는가? 계절이 바뀔 때마다 감기에 걸리고 다른 병치레로 고생하곤 했다.

달리기 이후로는 감기도 피해 가고 있다. '건강한 몸에 건강한 정신이 깃든다.'라는 말처럼 몸이 건강해지면서 마음이 편안해지고 표정도 밝아졌다. 주변에도 밝은 표정이 전달되어 좋은 일이 저절로 따라왔다. 지금은 배에도 적당한 힘이 생겨 자세가 좋아졌다. 선천적으로 위가 좋지 않아 배에 힘이 없고, 구부린 자세가 편했다. 배에 힘을 주고 허리를 꼿꼿이 세운 자세가 좋다고 하지만 힘을 주기 어려웠다.

지금은 자연스럽게 배에 힘이 생기고 허리를 펴는 것이 편해졌다. 이런 자세가 편해지면서 가끔 찾아오던 허리 통증도 없어졌다. 겨울이 되면 추위에 약해서 보온 장비를 꼭 챙겨야 했다. 새벽 달리기를 계속하면서 추위에도 단련되었다. 11월부터 늘 갖고 다니던 핫팩을 사용하지 않게 되었다.

셋, 피부가 좋아졌다. 세수할 때 매끄러운 피부가 손에 느껴졌다. 거울을 보면 얼굴에 윤기가 돌았다. 가끔 화장을 안 해도 "화장했어?"라고 듣기도 했다. 달리기를 시작한 초반에는 얼굴에 뾰루지가 올라와 피부과에 문의했더니, 달리기하며 나오는 땀은 몸속 노폐물이 나오는 과정이라고 했다. 계속 달리기하면 피부의 체질이 개선되어 피부가 좋아질 거라는 답을 들었다. 이제는 "피부과 어디 다녀?"라는 말을 듣기도 한다. 스트레스가 많을 때는 얼굴부터 살이 빠져 "무슨 일 있어? 아파 보여."라는 말을 들었다. 지금은 "얼굴에 생기가 도네."라는 말을 듣는다.

넷, 잠을 잘 잔다. 오랜 불면증이 나를 떠나갔다. 누우면 기절하듯이 바로 잠이 들고, 눈을 뜨면 다음 날 아침이다. 달리기는 엔도르핀처럼 기분을 좋게 하는 호르몬을 분비하여 스트레스 호르몬인 코르티솔 수치를 낮춰준다. 이는 마음 안정에 도움을 주고, 긴장을 완화해 더 쉽게 잠들 수 있도록 몸을 돕는다.

규칙적으로 달리기하면 수면과 각성 주기를 조절하는 생체 시계가 안정된다. 특히, 아침 달리기는 멜라토닌 분비를 조절해 밤에 더 쉽게 잠

오십에 만드는 기적

들 수 있도록 한다. 아침에 개운하게 잠에서 깨어 하루를 즐겁게 시작할 수 있었다. 덕분에 스트레스가 줄고 집중력도 높아졌다. 정신적으로 여유를 얻을 수 있었다. 안 좋은 일이 생겨도 쉽게 짜증 나지 않고, 여유롭게 대처할 수 있었다. 마음속에 늘 일렁이던 파도가 잔잔해졌다.

갱년기에는 에스트로젠 호르몬의 감소로 잘 자던 사람들도 밤에 자주 깨는 등의 불면증 증상이 생기기도 한다. 걷기나 달리기는 이를 완화하는 효과가 있다. 오십에 평생의 불면증을 치료했으니 '달리기 효과로 잘 자게 됐다.'라는 건 두말하면 입 아프다. 그리고 갱년기에는 기분 조절이 어렵고 우울하거나 불안한 감정을 느끼기 쉽다고도 한다. 감정 조절이 힘들어 작은 일에도 화가 나거나 짜증을 내는 경우가 많아져 가족과 갈등이 생겼다는 지인도 있다. 반대로 나는 걷기나 달리기로 마음의 여유까지 생겼으니, 이것만으로도 달리기를 시작할 이유는 충분하다.

다섯, 자존감이 높아졌다. 나 자신과의 약속을 지켰다는 뿌듯함과 비실이였던 내가 달리기한다는 자부심이 올라왔다. 지인들이 "달리기는 어려워."라고 할 때면 은근히 어깨가 으쓱해졌다. '절대 못 해.'라는 말부터 시작하던 달리기가 이제 '해낼 수 있는 일'로 자리 잡았다. 지금도 달리기하고 나면 "세상에 내가 달리기하다니!"라고 나에게 매일 말한다. 가끔은 거리를 걷다가도 갑자기 어디에 늦은 척 달리기하고 나서는 혼자서 으쓱하기도 한다.

이리도 좋은 아침 달리기를 왜 이제야 시작했나 싶다. 운동화 한 켤레만 있으면 어디서든 할 수 있는 기적 같은 운동. 돈이 들지 않고, 헬스장도 필요 없으며, 오직 내 두 발과 의지만 있으면 된다. "언제 시작해야 할까요?" 이 질문에 대한 답은 단 하나다. "지금 바로!"

오늘 마음먹고 당장 뛰어나와라. 새로운 세상이 열릴 것이다. 내일도, 모레도, 일 년 후도 아닌 지금, 당신의 인생을 바꾸는 첫 발걸음을 내디뎌라. 지금 시작하는 당신은, 일 년 후 오늘의 당신에게 감사하게 될 것이다.

"지금 뛰어라. 내일의 당신이 놀랄 것이다!"

오십에 만드는 기적

⊙ 오십이여, 지금 당장 도전하라

1. 몸을 움직이면 정신도 깨어난다. 지금 당장 뛰어라.

2. 체력은 곧 자신감이다. 체력을 키우면 인생이 달라진다.

3. 꾸준함이 결국 성공을 만든다. 지속하라.

4. 달리기는 과거의 나를 넘는 강력한 도구다.

5. 움직여라, 변화는 몸에서부터 시작된다!

4장

오십의 무기

글쓰기와 독서로 두 번째 인생을 설계하라

생각을 바꾸는 가장 강력한 도구는 글쓰기다
기록하는 자가 결국 성장한다

블로그를 시작하라, 글이 인생을 바꾼다

"내 평생 단 하루도 일하지 않았다. 그것은 모두 재미있는 놀이였다."

- 토마스 A. 에디슨

본격적인 블로그 생활은 『50대에 시작해서 돈 버는 이야기』라는 책한 권에서부터 시작되었다. 그 책에는 블로그를 통해 환경을 바꾸고 멘토와 조력자를 만들었다는 저자의 이야기가 담겨 있었다. '내게도 혹시나?' 하는 기대가 있었다. 팔 년 전, 지인들이 블로그에 육아 글을 써보라고 권했던 적이 있다. 그때 몇 개 글을 올려 보기도 했지만, 자신이 없었다. 아이들과 놀기만 해도 충분하다고 생각해 금세 그만두었다. 그 책을 읽고 팔 년 만에 블로그를 다시 열었다. 처음엔 막막했기에 '나를 찾기'라는 제목으로 그저 생각나는 대로 몇 글자 쓰기만 했다. 매일 쓰지는 못했다. 블로그가 낯설고 어려웠다.

블로그를 다시 시작했을 때, 주변에 아무에게도 말하지 않았다. 시작

당시 내 모습이 너무 초라하고 모든 것이 부족하게만 느껴졌기 때문이다. 나이 오십에 새로운 시작을 하기가 두려웠다. 블로그에 들어와 보니 멋진 글들이 넘쳐났다. 날아다니는 듯한 블로거들만 보였다. 그때의 나는 어설펐다. 자신이 없었다. 이웃 신청 방법조차 몰랐다. 몇 글자 끄적이는 게 전부였다. 신입 사원처럼 모든 것이 낯설고 서툴렀다. 자신 없어 머뭇거리던 날들이었다. 그런 마음을 이겨내며 조금씩 적응해 나갔다.

그 시절의 나는 블로그를 잘 운영하는 이웃들이 부러웠다. 그들의 능숙한 글과 활발한 소통을 보며 나도 그렇게 되고 싶었다. 미래를 더 고민하면서, '이왕 블로그를 하기로 한 거 제대로 해 보자.'라는 마음으로 블로그 관련 책을 읽었다. 처음에는 블로그로 수익 내는 방법에 관한 책을 보며 블로그로 월급만큼 벌 수 있다는 기대를 품었다.

하지만 대부분의 수익형 블로그는 리뷰나 체험기 등의 정보성 글이 주를 이루어야 했다. 나와 맞지 않았다. 평소의 나는 맛집에서는 사진은 찍지 않았고 음식을 먹기만 했다. 언박싱(Unboxing)* 같은 리뷰 글을 쓰려고 해도 어색했다. 물건을 사용하고 솔직하게 '좋지 않다.'라는 리뷰를 남길 수는 없는 노릇이었다. 재미가 없었다. 블로그 방향성이 보이지 않아 그때는 답답하기만 했다. 회사 일도 바빠서 블로그에 신경 쓸 여유가 없었다.

블로그에 대한 새로운 접근법이 필요하다고 느꼈다. 수익형 블로그가

---

* 언박싱: 미개봉 박스를 연다는 뜻으로, 새로 받은 상품을 평가하고 리뷰를 올리는 행위를 뜻하는 신조어.

오십에 만드는 기적

아니라, 내가 잘할 수 있는 글을 찾아야 했다. 다양한 블로그 운영 방식에 관한 책을 다시 찾아 읽었다. 그 과정에서 '네이버 블로그 100일 챌린지'를 신청해 매일 글을 올려 보기로 했다. 처음에는 못해도 그저 썼다. 쓸 내용이 떠오르지 않으면, '새벽 기상 성공, 독서 후 걷기 성공' 이렇게만이라도 적으며 포스팅을 이어갔다.

　초반에는 그렇게도 멀게만 느껴졌던 100일. 미션 위젯에 성공 체크 표시가 하나씩 늘어날 때마다 블로그가 즐거워졌다. 시간이 흐르며 블로그 이웃과 소통도 늘어났고, 블로그와 더 가까워졌다. 처음 시작할 때는 공감 0, 댓글 0이었다. 혼자서 일기처럼 글을 쓰고 있었지만, 소통이 없으니 글을 이어가기 어려웠다. 아침마다 미라클 모닝 인증 글을 올리면, 이웃이 응원 댓글을 남겼다. '응원합니다!', '오늘도 좋은 하루 보내세요!' 같은 짧은 한마디가 생각보다 큰 힘이 되었다. 나도 그 댓글에 답을 남기고, 이웃 블로그를 방문해 그들의 글을 읽고 느낌을 남겼다. 이렇게 소통이 이어지면서 블로그가 점점 더 재미있어졌다.

　이웃과 더 깊은 교류가 생겼다. 블로그 세상에서는 이를 '블친'(블로그 친구)이라고 부른다. 나와 결이 맞는 이웃과는 더 가까워졌다. 현실에서는 쉽게 표현하지 못했던 감정도 블로그에서는 글로 솔직하게 털어놓을 수 있었다. 그런 글을 이웃이 읽고 공감해주고, 따뜻한 응원의 말을 건

넸다. '힘내세요.', '저도 같은 경험이 있어요.' 같은 짧은 댓글이 큰 위로
가 되었다. 나도 그들에게 같은 마음을 돌려주었다. 이렇게 서로의 진심
이 오가며 블로그는 기록을 넘어 마음을 나누는 공간이 되었다.

블로그 주인이 어떤 사람인지 공개하지 않으면 나이, 성별, 직업을 알
수 없고, 굳이 알려고도 하지 않는다. 서로를 존중하며 댓글로 대화하고
교감한다. 블로그 세상은 남녀노소, 직업 구별 없이 모두가 평등하게 이
야기를 나누고 친구가 되는 공간이다. 이곳에서 다양한 사람들과 소통
을 한다 정말 매력적이지 않은가?

돌이켜보면, 외롭지 않기 위해 블로그라는 안식처에 계속 머물렀던
것 같다. 나이 들어 무언가 새로 시작한다는 두려움은 끝없이 펼쳐진 광
야 한가운데 홀로 서 있는 느낌이었다. 그 광야는 끝이 보이지 않았고,
홀로 건너기엔 어둠 속에 갇히는 듯했다. 그 두려움을 견디려고 더 많은
응원을 받고 싶었다.

고되고 힘들었던 시기에 시작한 블로그는 쓸쓸함을 달래 주는 친구가 되
었다. 처음엔 블로그를 통해 수익을 내겠다는 욕심에서 시작했지만, 어느
순간 광야를 함께 건너고 싶다는 간절한 마음으로 변했다. 블로그는 나에
게 정말 큰 위로와 공감이 되는 곳이다. 블로그 세상이 참 따뜻하다. 블로
그라는 이 세상 덕분에 외로움도, 두려움도 함께 조금씩 극복할 수 있었다.

"블로그는 실행력 갑들만 모인 세상인가 봐. 매일 책 읽고 글을 쓰는 블로거들 보면 정말 대단해."

내 블로그 활동을 보고 친구가 한 말이다. 블로그에는 자신의 성장을 위해 매일 독서와 글쓰기를 하고, 끊임없이 자기 계발을 하는 사람들이 많다. 그들의 실천력과 흔들리지 않는 루틴을 보며 나도 가만히 앉아 있을 수 없었다. 그들의 글을 읽으며 편안만을 추구했던 지난날을 반성했다.

특히 글쓰기가 자아 성찰과 발전에 엄청난 길잡이가 되었다. 나도 내적 성장을 목표로 더 꾸준히 하려 했다. 블로그에서 만난 사람들은 어느새 보이지 않는 멘토가 되었다. 나보다 먼저 이 길을 걸어온 그들을 보며 자극을 받아 부단히 노력했다. 그들은 내게 말없이 길을 보여줬고, 나는 그 길을 따라가며 조금씩 변하고 있었다.

지금은 하루에 두 개의 포스팅을 올리는 게 일상이 되었다. 가끔은 세 개, 네 개까지 올리기도 한다. 시작할 때는 어설펐지만, 지금은 놀랄 만큼 많이 변했다. 블로그를 시작하던 그때를 떠올리면, 아주 오래전 이야기 같으면서도 어제의 일처럼 선명하다. 그때는 간절함과 두려움이 뒤섞여 있었지만, 이제는 기쁨과 즐거움으로 바뀌었다. 그 시간을 거쳐 여기까지 온 내가, 대견하고 감사하다.

블로그 이웃을 현실에서 직접 만나기도 했다. 서로 추구하는 방향이 비슷한 사람끼리 모이면, 시간 가는 줄 모르고 대화에 빠져들었다. 책에 관한 이야기부터 꿈의 방향, 먼 미래의 목표까지 진술하게 나눌 수 있었다. 오랜 친구처럼 편안하고 즐거운 시간이었다. 그들을 직접 만나면, 글로 느끼던 것보다 몇 배나 더 큰 에너지를 받을 수 있다. 그 에너지는 내게 자극이 되어, 열정이 더 타오른다.

블로그에서 시작된 인연이 현실에서도 깊어져, 사업 동료로 이어지기도 했다. 우리는 지식 창업을 함께하는 동료로서 매주 줌(화상 미팅)으로 만난다. 아이디어를 교환하고 조언을 주고받으며 성공을 향한 열망을 나누고 있다. 블로그에서 미라클 모닝 챌린지를 시작할 때도 그들과 함께하며 많은 도움을 받았다. 나도 내 경험을 공유하며 서로의 성장과 창업을 돕고 있다. 온라인에서 시작된 만남이 깊은 관계로 발전할 수 있다는 것. 이것이 블로그가 가진 특별한 매력이다.

슬기로운 블로그 생활은 그냥 즐기는 것이다. 블로그에서는 힘들다고 털어놓으면 따뜻한 응원이 돌아온다. 외로운 날에는 블로그에서 이웃과 대화하며 마음을 나눈다. 결이 맞는 이웃을 만나면 반갑고, 내면의 친구를 만난 기분이다. 밖에서 짜증 나는 일이 있어도 블로그에 들어오면 다시 새로워질 힘을 얻는다. 앞서가는 이웃을 등불 삼아 따라가면 된다. 어렵다고 고민을 털어놓으면 여기저기서 도움의 댓글이 달린다. 지

오십에 만드는 기적

금 일이 잘 안 풀리는가? 답답한 마음을 풀어 놓을 곳이 없는가? 블로그에 들어와 보라. 그곳에 답이 있다.

『처음으로 공부가 재밌어지기 시작했다』의 저자 임진강(블로그 닉네임 데미안), 『오늘부터 자아실현 꽃피우자!』의 저자 조남희(블로그 닉네임 joy1004), 『MZ 공무원은 도대체 왜 퇴사할까?』의 저자 김은수(블로그 닉네임 비티오), 『넘어지면 어때 툭툭 털고 일어나면 되지』의 저자 도무지, 『그저 나로 산다는 것』의 저자 김예리(블로그 닉네임 리아), 『상위 1% 일잘러의 글쓰기 절대 원칙』의 저자 김호중(블로그 닉네임 초롱꿈), 『마흔에 깨달은 인생의 후반전』의 저자 더블와이파파 등 블로그에서 활동하는 작가들도 직접 만났다. 내 인생에 작가 친구가 많이 생겼다.

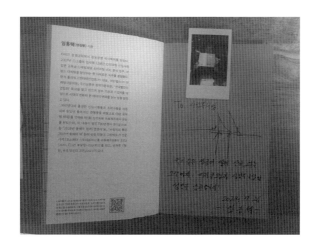

특히 물질적인 것을 좋아하는지라 선물 받으면 기쁨은 더 컸다. 블로그를 통해 실제로 책 선물을 받기도 했다. 『90년생이 온다』를 집필한 임홍택 작가의 『2000년생이 온다』라는 책이었다. 글로 많은 가르침을 주는 이웃이 있었는데, 그가 임홍택 작가를 만나는 자리에서 직접 사인을 받아 사진과 같이 내게 선물로 보내줬다. 그때의 감격이란! 정말 기쁘고, 눈물이 나올 정도였다. 블로그를 시작하길 잘했다고 생각했다. 또 아들이 군에 입대할 때도 다른 이웃에게 군대 관련 책 『짬』을 선물 받았다. 아들 군대 훈련소 수료식에 그 책을 가져갔더니 재미있게 잘 읽었다고 한다. 그 외에도 책 선물은 더 많이 받았다.

블로그 이웃에는 두 가지 종류가 있다. 한쪽에서만 추가는 '이웃'과 서로 관계를 맺는 '서로 이웃'이다. '이웃'은 단방향 소통으로 팔로우나 구독 개념에 가깝다. '서로 이웃'은 쌍방향 소통으로 서로의 새 게시글을 언제든지 확인할 수 있어 활발한 교류가 가능하다.

이웃 추가 방법은, '이웃'은 한쪽에서만 추가하는 방식이다. '서로 이웃'은 신청 메시지를 보내 상대방이 수락해야 한다. 이때 '이웃 신청해요.'라는 간단한 메시지보다는, 자신을 소개하며 어떤 글을 쓰는 블로거인지 적으면 좋다. 마음을 담아 신청하면 상대방도 쉽게 받아들인다. 블로그는 마음을 나누는 공간이니까.

오십에 만드는 기적

처음에는 '서로 이웃 신청'이 낯설고 조심스러울 수 있지만, 먼저 다가가 친구가 되자는 마음으로 신청해보자. 하루 최대 백 명까지 신청할 수 있으니, 적극적으로 활용해 블로그를 확장해보자. 서로 이웃이 많아지고 공감과 댓글이 늘어나면 블로그가 활발해진다. 혼자만 글을 올리면 금방 지치고 흥미를 잃기 쉽다. 블로그 친구(블친)가 많아지면 블로그에 꾸준히 유지할 수 있는 동력이 된다.

"블로그에서 진심이 느껴지네요."
"블로그를 정말 열심히 하는군요."

이웃이 남긴 댓글이 기억에 남는다. 초반에는 이웃과 소통하는데 많은 시간을 쏟았다. 일하다가도 점심시간이나 짬이 날 때마다 댓글을 남기려 했다. 바쁜 날에는 글을 읽고 공감 버튼을 눌러 마음을 전하려 했다. 댓글은 단순한 의례가 아닌, 진정한 소통의 창구로 생각했다. 형식적인 댓글보다는 이웃의 글을 정독하며 남겼다. 댓글 작성에도 시간이 꽤 걸렸지만 그만큼 마음을 담아 블로그를 운영하고 싶었다. 진심은 어디서든 통한다. 나의 진심을 블로그에 담아보자. 그 마음을 몇 배로 돌려받는다.

블로그는 시간을 들인 만큼 성과가 나타나는 곳이다. 매일 포스팅을 올리며 운영한 결과, 사 개월 만에 이웃이 오천 명을 넘었다. 하루 평균 네 시간 이상을 블로그에 투자했다. 주말에는 여섯 시간 이상 블로그에만 몰두했던 적도 있다. 초반 삼 개월은 '수습 기간'이라 정하고, 신입 사원처럼 열심히 블로그 활동에 매진했다.

처음 한 달은 낯설고 이해하기 어려울 수도 있다. 우리가 신입 사원으로 회사에 입사했을 때 모든 것이 어색했던 경험을 떠올려 보라. 시간이 지나면서 회사 분위기와 일이 익숙해졌던 것처럼, 블로그도 조급함을 내려놓고 꾸준히 하다 보면 점차 감이 잡힌다. 어느새 당신만의 방식과 길이 만들어진다. 몇 개월 후에는 블로그 경력자로 성장해 있을 것이다. 특히, 오십이 넘어서 블로그를 시작하면, 처음엔 버벅거리는 자신을 보며 '나만 뒤처진 걸까?'라는 생각이 들고 자존감이 떨어질 수도 있다. 나역시 그랬기에 그 마음을 충분히 이해한다. 부족한 시작이라도 괜찮다. 조금씩 나아가다 보면 당신만의 블로그가 완성될 것이다. 지금 바로 시작하라. 당신의 신나는 블로그 여정을 응원한다. 진심이 통하는 블로그를 만들어보자.

브랜드가 곧 자산이다

- 블로그의 힘

"젊은이여 그대 이름을 가치 있게 하라."

- 앤드류 카네기

블로그를 시작하며 가장 고민했던 부분은 닉네임과 블로그 명이었다. 한 번 들으면 기억에 남을 이름을 원했지만, 어떻게 조합해서 만들어야 할지 어려웠다. 여러 개의 이름을 적어보다 결국 아이들 이름을 따서 '주니'로 시작했다. 실제로 나처럼 아이들 이름으로 정하는 경우도 많다.

그다음에는 '잘하는 주니'로 바꾸었다. 더 나은 사람이 되고 싶다는 바람을 담았다. 이후, '잘하는 주니'로 검색하면 내 블로그보다 미용실이나 네일샵이 먼저 상단에 뜨는 걸 알았다. 내 블로그가 사람들에게 쉽게 찾아지는 이름이길 바랐다. 블로그 멘토 '더블와이파파'의 조언을 받아 '사랑주니'로 변경했다.

이제 네이버에 '사랑주니'로 검색하면 내 블로그가 먼저 뜬다. 닉네임은 단순한 이름 이상의 힘을 가지고 있다. 그것은 곧 나를 대표하는 브랜드다. 닉네임은 블로그 활동하는 내내 불리는 이름인 만큼 처음부터 신중하게 결정해야 한다. 중간에 닉네임을 변경했더니 처음부터 신중할 걸 하는 아쉬움이 남는다.

"사랑주니, 블로그 이름대로 사랑을 전해주시는군요."
"사랑주니, 이름이 참 예뻐요. 글에서 사랑이 묻어나요"

사람은 이름을 따라간다고 했던가. 닉네임 하나 바뀌었을 뿐인데 마음가짐이 달라졌다. '잘하는 주니'로 활동할 땐 늘 '잘해야 한다.'라는 부담이 있었다. '사랑주니'가 된 뒤에는 내가 사랑을 전하는 사람이 되고 싶다는 다짐이 더해졌다. 블로그에 대한 애정이 더 커지고, '사랑을 나누는 사람'이라는 꿈이 깊어졌다.

닉네임을 정한 후, 프로필과 자기소개 글은 꼭 작성하라고 말하고 싶다. 이는 블로그의 정체성을 표현하는 글이자, 방문자에게 첫인상을 결정짓는 중요한 요소다. 내 프로필에는 이렇게 적었다. "삶의 변화를 시작하는 주니… 내 삶을 내가 결정하기 위해 미라클 모닝과 독서를 실천하고 있습니다." 나를 표현한 이 글이, 블로그의 방향을 보여 준다.

자기소개 글에는 내가 어떤 가치관을 가지고, 블로그에서 어떤 이야기를 하고 싶은지를 진솔하게 담아야 한다. 자기소개 글을 올린 후, "블로그

글이 따뜻해서 이웃 신청했어요."라는 댓글을 받은 적이 많다. 진정성을 담은 자기소개 글 하나가, 나와 비슷한 가치를 가진 사람들과 연결해 주는 강력한 힘이 된다.

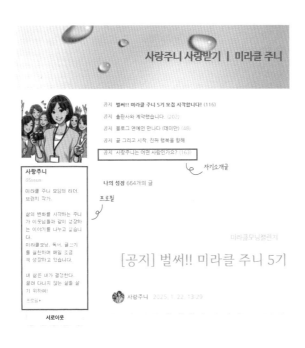

로버트 치알디니 박사는 『설득의 심리학』에서 호감을 얻으려면 상대에게 진심을 담아 솔직히 다가가야 한다고 강조했다. 블로그도 마찬가지다. 블로그를 통해 얻고 싶은 목표를 담고, 방문자가 진정성을 느낄 수 있도록 진솔하게 적어보자.

블로그는 글을 쓰는 공간을 넘어 나만의 브랜드를 만들어가는 장소다. 닉네임을 정하고, 프로필과 자기소개 글을 통해 블로그의 방향을 설정하는 일은 내 브랜드의 첫 이정표를 세우는 것이다. 닉네임과 프로필이 퍼스널 브랜딩의 시작이라는 생각으로 신중히 하자.

블로그를 더 효과적으로 운영하려면 온라인 모임과 강의를 적극적으로 활용하는 것이 좋다. 독서 모임, 필사 모임, 투자 모임, 글쓰기 모임 등 다양한 모임이 있으며, 유료와 무료로 진행된다. 초보 시절 '다섯 손가락' 모임에서 블로그 활용법을 익혔다. '비티오 독서 모임'과 '앙박의 생산자 독서 모임'에서는 독서 습관을 기르고, '하티의 투비 모임'에서는 투자를 전혀 모르던 내가 투자의 기초와 의미 등 다양한 배움을 얻었다. 이처럼 모임을 활용하면 혼자 공부할 때보다 성장 속도를 높여준다. 같은 관심사를 가진 사람들과 소통하며 지식을 공유하고, 정보를 나누며, 서로에게 동기부여가 된다. 지금 쓰고 있는 이 책도 온라인 책 쓰기 모임에서 얻은 도움 덕분에 가능했다. 이 모임이 없었다면 책을 쓰다가 중도에 포기했을지도 모른다. 어쩌면 애초에 책을 쓸 엄두도 내지 못했을 것이다.

모임을 직접 운영하면 또 다른 기회가 된다. 처음에는 작은 모임으로 시작하지만, 점점 커지면서 지속적인 수익 창출의 파이프라인이 될 수도 있다. 꼭 전문가일 필요는 없다. 자신의 경험과 지식을 나누겠다는 마음만

오십에 만드는 기적

있으면 누구나 가능하다. 모든 분야에는 5%의 초고수, 20%의 중수, 그리고 75%의 초보가 있다. 중수가 초보에게 가르쳐준다고 생각하면 된다. 당신도 충분히 할 수 있다.

미라클 모닝을 이백 일 넘게 지속하며 미라클 모닝의 중수쯤이 된 나는, 새벽 기상을 시작하는 분들에게 경험을 나누고 싶었다. 그렇게 탄생한 것이 '미라클 주니'다. 시간이 지나며 이 작은 모임이 챌린지를 넘어 하나의 커뮤니티가 되어가고 있다. "혼자서는 어려운 일도, 함께하면 가능해진다." 미라클 주니 멤버들과 함께하면서, 나 혼자만의 성장이 아니라 '함께하는 성장'이 더 큰 힘을 갖고 있다는 걸 몸소 느꼈다.

하나, 새벽 기상 인증을 올리는 멤버들 덕분에 힘이 났다.
둘, 각자의 루틴을 공유하며 아이디어를 얻었다.
셋, '오늘도 함께 했구나.'라는 자신감을 얻었다.

나뿐만 아니라, 멤버들도 "미라클 모닝이 내 삶을 바꿨다."라고 말한다. 우리가 함께 만들어가는 기적이 되었다.

2025년 1월, '미라클 주니 4기'가 한창 진행 중이다. 매일 새벽을 맞이하며, 우리는 서로를 응원하고 있다. 모임이 하나의 브랜드가 될 수 있다는 사실을 깨달았다. 블로그에서 시작된 기록이, 하나의 브랜드가 되었다.

이것이 바로 퍼스널 브랜딩의 힘이다. 글을 쓰고, 모임을 운영하는 것을 넘어 내가 만든 콘텐츠가 사람들에게 가치를 주고 변화를 만들어낼 때 그 것은 브랜드가 되고 자산이 된다. 이 책도 미라클 모닝에서 시작되었다. 매일 새벽, 한 줄씩 쓰면서 배우고 성장했다. 오늘도 난 이 글을 통해 당신에게 말하고 있다. "기록하라. 그리고 성장하라."

블로그 공언이 미래를 바꾼다

"가장 최근에 경험한 중독은 블로그에 글 쓰는 일이었다.
블로그에 댓글을 달다가 발을 헛디뎌 계단에서 굴러 갈비뼈에 실금이 갔다."

- 강원국, '강원국의 글쓰기', 메디치미디어

'강원국의 글쓰기'에서 블로그 중독에 빠진 저자의 이야기를 읽고 크게 웃었다. 그 웃음 속에는 나 자신을 발견한 놀라움이 숨어 있다. 나 역시 블로그에 중독된 상태였기 때문이다. 사실, 중독에 쉽게 빠지는 편이 아니다. 커피는 하루 한 잔이면 충분하고, 탄산음료도 거의 마시지 않는다. 게임이나 유튜브에 깊이 빠져본 적도 없다. 인기 드라마 역시 방영될 때 한두 번 보는 정도였다. 그런 내가 지금은 온종일 블로그 생각으로 가득 차 있다니, 참 놀라운 일이다.

'이웃들은 어떻게 지내고 있을까? 어떤 글을 올렸을까?'
'댓글이 얼마나 달렸을까? 내 글을 보고 이웃들은 무슨 생각을 할까?'

이웃들이 올린 글이 궁금해서 견딜 수가 없다. 내 글에도 어떤 반응이 올지도 궁금하다. 아침에 눈을 뜨면 가장 먼저 블로그를 확인한다. 밤에도 블로그를 마지막으로 보고 잔다. 밥을 먹을 때도, 길을 걸을 때도 블로그에 댓글이 달린 걸 알게 되면, 당장 보고 싶다. 내가 이렇게 되었다니! 신기하다.

너무 몰입한 나머지, 블로그를 보며 계단을 내려가다가 발을 헛디뎌 넘어질 뻔한 적도 있다. 핸드폰을 보며 길을 걸어가다가 엉뚱한 방향으로 가기도 했다. 운전 중에 블로그 알림을 확인하려다 신호를 놓친 적도 있었다. 심지어 블로그를 하는 꿈까지 꿀 때도 있다. 이 정도면 중독된 게 아닌가 싶다. 그런데 이 중독 덕분에 매일 글을 쓰고 있다. 미라클 모닝도 꾸준히 실천할 수 있었다. 이웃과의 교감은 삶에 활력을 불어넣어 주었다. 글을 쓰는 즐거움은 이제 일상에서 빠질 수 없는 중요한 부분이 되었다. 중독이라도 꼭 나쁘기만 한 것은 아니다.

블로그에 빠지면서 틈만 나면 블로그의 방향성을 고민했다. 그동안 몰랐던 것들을 알아 가는 과정이 신기했다. 블로그 중독이 참으로 고맙다. 이 중독으로 조금 더 성실하고 충실한 나를 발견했다. 언니에게도 친구에게도 블로그를 권했다. 주변에도 블로그에 푹 빠진 사람들이 더 많아졌으면 하는 바람이다. 혹시 내 블친과 언니의 블친이 같은 사람이

오십에 만드는 기적

라면 얼마나 재미있을까? 블로그라는 공간에서 서로의 글을 읽고, 공감하고, 마음을 전하며 더 나은 우리를 만들어간다. 이 얼마나 멋진 세상인가!

"목표를 세우고, 블로그에 공언을 해 보세요."

블로그 이웃에게 받은 조언이었다. 원래 약속하면 반드시 지켜야 하는 성격이라, 공언하기가 쉽지 않았다. 어느 날 문득 한라산이 눈에 들어왔고, 일 년 후 한라산 등반을 목표로 정했다. "일 년 후, 25년 5월에 한라산에 등반합니다."라고 블로그에 공언 글을 올렸다. 여기저기서 응원의 메시지가 쏟아졌다. 덕분에 이웃과의 관계도 더 깊어졌다. 목표를 이룰 수 있도록 매일 아침 운동을 게을리할 수가 없었다. 블로그에 목표를 공개적으로 선언하면 얼마나 강력한 동기부여가 되는지 몸소 경험한 순간이었다. 블로그에 공언을 올린 이웃 중 실제로 그 약속을 지키는 사람들이 많았다. 그 모습을 보며 나도 자극을 받았다. 나도 말로만 하는 선언으로 끝내고 싶지 않았다. 목표를 향해 꾸준히 나아가야겠다고 다짐했다.

무언가를 못 할 것 같으면 아예 시작도 하지 않지만, 할 수 있는 일이라면 누구보다도 잘하려 했다. 그래서 시작한 일은 무조건 최선을 다해

성과를 내려 했다. 그런 노력 덕분에 좋은 결과를 얻을 때도 많았다. 하지만 완벽을 지나치게 추구하다 보니, 속도를 조절하지 못해 금방 지치기도 했다. 블로그도 마찬가지였다. '이제까지 못 했으니, 앞으로는 더 잘해야 한다.'라는 압박감이 커졌다. 블로그 활동에 지나치게 몰두하는 사이 일상에서 균형이 깨질 때도 있었다. 그러면서 깨달은 것이 있다. 블로그의 본질은 단순히 '잘하려는' 것이 아니라, '나를 발견하고 성장해 나가는 과정'이라는 것이다. 블로그를 하면서 나 자신을 돌아보고, 이웃과 소통하며 생각의 폭을 넓혀간다. 서로에게 긍정적인 영향을 주고받는 이 공간이 바로 블로그다. 그렇기에 블로그를 통해 내가 진정으로 잘하고 싶었던 것은 '성장'이었다. 그것이 곧 블로그의 목적이었다.

그렇다면, 성장의 가장 효과적인 방법은 무엇일까? 바로 '공언'이다. 혼자만의 각오로는 쉽게 포기할 수 있지만, 블로그에 공언하면 많은 응원과 관심이 따라온다. 그로 인해 더 큰 동기와 책임감을 느끼게 된다. 이웃들의 따뜻한 격려가 있기에 포기하지 않고 계속 나아갈 수 있다. 목표를 이루기 위해 공언하는 것은 나 자신과의 약속을 넘어, 모두와 함께 나아가는 힘을 얻는 길이기도 하다. 당신이 블로그를 하고 있다면, 작은 목표라도 좋다. 블로그에 공언을 해보는 건 어떨까? 그 순간, 당신의 미래가 바뀌는 소리가 들릴 것이다.

오십에 만드는 기적

오십부터는 글을 써야 한다, 지금 당장!

"무슨 생각을 해요? 그냥 하는 거지."

- 김연아

'글쓰기의 초심은 무엇이었나요?'

어느 날, 이런 질문의 글을 읽었다. '나는 글쓰기를 왜 시작했지? 그냥 시작했는데.' 그 글에 댓글을 쓰며, 그동안 글이 나에게 어떤 의미가 되었는지, '그냥'이 나에게 얼마나 큰 의미가 되었는지 자각했다. '그냥 시작한' 블로그였지만, 그 가벼운 출발이 이렇게 소중한 인연과 순간을 안겨줄 줄은 몰랐다. 무심코 던진 '그냥'이라는 시작이 나를 이곳에 뿌리내리게 해주었다. 그 자체로도 대단하지 않은가?

뭔가를 시작하기 위해 꼭 거창한 이유가 꼭 필요하지는 않다. 때로는 그저 가벼운 마음으로 이유 없이 시작해도 된다. 그렇게 하다 보면 어느새 진심이 된다. 마음 깊이 자리 잡는 순간이 온다. 이제는 블로그가 재미있어서, 글쓰기가 신나서 계속한다. 그러니 당신도 지금, 이 순간, 블로그에 첫 문장을 써보는 건 어떨까? '그냥' 시작해 보는 거다. 그 '그냥'이 예상치 못한 인연과 연결되는 서막이 될지 누가 알겠는가?

"무슨 글을 써야 할지 모르겠어. 글이 딱딱해."
"그냥 네가 매일 생각하는 걸 쓰는 건 어때?"
"회사 이야기? 일 이야기? 지금도 글이 딱딱한데, 더 딱딱해지지 않을까?"
"요즘 네 분위기가 좀 딱딱하긴 했어. 그래도 네가 재미있어하는 게 있잖아. 그런 걸 써봐."
"그게 뭐지?"
"미라클 모닝 한다며? 그걸 쓰는 건 어때?"

처음엔 어떤 글을 써야 할지 전혀 감이 오지 않았다. 친구의 조언을 듣고, 미라클 모닝에 대한 글을 쓰기 시작했다. 글쓰기는 어려웠다. 글 하나 올리고 며칠 있다가 올리곤 했다. 그 글들은 굳어 있었다. 솔직히 쓰고 싶은 이야기도 없었다. 답답했다. 어둠 속에 있었다. 그런 내 상태를 글로 쓰고 싶지 않았다.

말하듯이 쓰고, 의식의 흐름대로 쓰라고 하지만 매일 글을 쓰는 것은 생각보다 어렵기만 했다. 글을 쓸 때마다 중간에 막혔고, 문장은 어색했

오십에 만드는 기적

다. 글의 흐름이 자꾸 끊겼고, 비슷한 내용을 반복했다. 그럴 때면 타자를 멈추고 한참 동안 생각만 했다. 한 시간 동안 멍하니 있기도 했다. 괜히 맞춤법 검사를 하며 시간을 끌기도 했다. '뭐가 문제일까?' 짧은 글 하나 쓰는 데 2시간 넘게 걸릴 때도 있었다.

멋있게 쓰고 싶었다. 더 좋은 글을 쓰고 싶었다. 하지만 그런 욕심이 커질수록 오히려 글이 더 풀리지 않았다. 그러다 이웃들의 글을 봤는데, 자신의 이야기를 솔직하게 풀어낸 글에서 더 감동을 느끼게 됐다. 그걸 느끼자 일상의 모든 순간을 글로 연결하려 애썼다. 대화를 나누면서도, 직장에서 일하면서도, 음식을 할 때도, 머릿속에선 글로 쓸 소재를 떠올렸다. 그 안에서 표현하고 싶은 나만의 이야기를 찾으려 했다.

글을 쓸 때마다, 마음 깊은 곳에서 무엇을 말하고 싶은지 고민했다. 화가 나는 마음, 속상한 기분, 과거의 나를 돌아보는 이야기, 주변에 말하지 못했던 이야기들을 조심스럽게 꺼냈다. 글은 긍정적으로 쓰는 것이 좋지만, 힘든 날 억지로 밝은 글을 쓰기는 쉽지 않다. 그런 날에는 있는 그대로의 감정을 담아도 괜찮다. 글로 풀어내다 보면 무거웠던 마음이 조금 가벼워진다. 문제의 실마리를 찾게 되기도 한다. 만약, 이유 없이 눈물이 나는 날이 있다면, 내 블로그에 찾아와 글을 남겨도 좋다. 따뜻하게 토닥여 주고, 그 마음에 손을 내밀어 주고 싶다. 당신이 글을 통해 마음을 치유하고, 평안을 찾길.

"글 잘 쓰는 비결을 말하라면 단연코 습관이다.

단순 무식하게 반복하고 지속하는 것이다.

밑 빠진 독에서도 콩나물은 자란다."

- 강원국, 『강원국의 글쓰기』, 메디치미디어

글쓰기를 처음 시작하는 사람들에게는 일단 써 보기를 권한다. 처음엔 막연해도 꾸준히 쓰다 보면 글쓰기가 왜 중요한지, 어떻게 하면 더 나아지는지 조금씩 알게 된다. 무엇을 쓸지 떠오르지 않는다면, 그 고민 자체를 글로 쓰면 된다. '오늘은 도대체 무슨 글을 써야 할지 모르겠다.'라는 그 고민조차 훌륭한 소재가 된다. 또는 지금 떠오르는 그 생각을 쓰면 된다.

남편에게 화가 났는가? 오늘 저녁 메뉴가 고민인가? 아니면 회사에서 속상한 일이 있었는가? 지금 떠오르는 이야기를 그대로 글로 남겨보자. 나는 매일 미라클 모닝에 관한 글을 썼다. 새벽에 일어나기 힘들다고 썼다. 남편이 술 마시고 다음 날 잠만 잤던 이야기도 썼다. 누군가는 부부 싸움 이야기를 쓰기도 했다. 일상의 소소한 이야기들이 글이 된다. 중요한 것은 무엇을 쓰느냐보다는 꾸준히 쓰는 것이다. 글쓰기는 결국 계속해 나가겠다는 의지에서 시작된다. 지금 떠오르는 생각이 무엇인가? 그것을 글로 남겨보자.

글을 매일 쓰는 건 때로는 어렵고, 때로는 즐겁다. 가볍게 툭툭 써 내려간 날도 있고, 숙제하듯 억지로 쓴 날도 있었다. 이제는 글 쓰는 것 자체가 어렵지는 않다. '글이 삶이 되고 삶이 글이 되는 이야기'를 쓰는 것이 어렵다. 내 글에 내 마음을 얼마나 담고 있는지 스스로 묻는다. 계속해서 글을 쓰는 사람이 되고 싶다. 마음이 닿는 날까지, 멈추지 않고 쓰고 싶다. 계속 쓰다 보니 글쓰기가 설레고, 가슴 뭉클해지는 날도 있다. 나만의 이야기를 담는 법을 배우며, 글이 나의 삶이 되어가고 있다.

무너지는 마음을 글로 풀어내며 눈물을 흘리기도 했다. 다 쓰고 나면 마음이 한결 가벼워졌다. 글쓰기는 나를 일으키는 힘이 되었다. 글을 쓰며 나를 있는 그대로 받아들일 수 있었다. 날마다 새로운 세상을 열어가는 기분이었다. 첫 글을 올리고 한동안 아무도 읽지 않았던 기억이 난다. 그때는 '글을 왜 써야 하지?'라는 고민이 컸다. 누군가 남긴 첫 댓글이 용기를 줬다. 덕분에 다시 글을 썼다. 이제는 글이 완벽하지 않아도 스스로 격려하며 발행 버튼을 누른다. 매일 글을 쓰는 나 자신이 자랑스럽다. 글쓰기로 나를 성장시키고, 내가 쓰는 글로 누군가의 삶에 영향을 줄 수도 있다는 걸 믿는다. 나의 글에 나의 깨달음과 에너지를 담으며, 나 또한 변화하고 있다.

이제 글쓰기는 나 자신과 깊은 대화가 되었다. 예전에는 사소한 걱정에도 쉽게 흔들렸지만, 이제는 글을 쓰며 나를 다독이고 위로할 수 있게 되었다. 나도 글을 통해 누군가에게 위로와 용기를 줄 수 있다는 믿음을 얻었다. 그 후로는 글 하나하나에 더 진심을 담기 위해 노력했다. 다른 이들에게 도움이 될 수 있는 내용을 고민하며 글을 썼다. 글을 쓰다 보면 그런 날이 온다. 처음에는 나 자신을 위해 쓰지만, 점점 더 타인을 위한 글이 된다. 처음에는 막막해도, 조금씩 해 보면 나아진다. 글을 쓰면서 나를 이해했고, 내 삶도 더 깊어졌다.

"내가 그대들이 바라는 마음을 콘텐츠에 잘 담았길."

- 김종원, 『글은 어떻게 삶이 되는가』, 서사원

어릴 때는 내 입장이 우선이었고, 나 자신만 생각하는 마음이 컸다. 그런데 나이가 들어 오십이 되니, 타인을 위한 마음이 나를 돕는 길이라는 걸 가슴으로 알게 되었다. 김종원 작가의 책을 읽으며, 글을 쓰는 이유에 대해 다시금 깨달았다. 글을 쓴다는 것은 나만을 위한 일이 아니라, 타인과 마음을 나누는 과정이라는 것을. 내가 받은 응원과 위로를 이제는 돌려주고 싶다. 글은 마음을 나누고 사랑을 전하는 도구다. 내가 쓴 글이 누군가에게 힘이 되고, 또 누군가의 글이 나에게 힘이 되는 것. 진심이 담긴 글은 반드시 독자의 마음에 닿는다. 앞으로도 글을 통해 나의 진심과 사랑을 전하며, 이 귀한 교감을 이어가고 싶다. 내 글이 당신

오십에 만드는 기적

에게 따뜻한 사랑과 위로가 되기를 바란다.

블로그에는 수많은 글이 넘쳐난다. 매일 글을 쓰는 우리는 이미 작가다. 한 명이라도 내 글을 기다리는 독자가 있다면, 그는 작가다. 나도 작가다. 내 글을 찾아주고 읽어주는 독자가 있다. 그것만으로도 나는 이미 작가의 꿈을 실현하고 있다. 오십, 지금이야말로 작가로서의 꿈을 실현하기 가장 좋은 나이다. 살아온 시간만큼 깊어진 통찰이 있고, 지나온 세월만큼 쌓인 경험이 있다. 지금까지의 삶을 돌아보며, 내 이야기를 정리하고 기록할 수 있는 가장 완벽한 시점이 바로 지금이다. 지금 내가 책을 쓰고 있는 것처럼, 당신도 이미 한 권의 책을 쓰고 있는 셈이다. 블로그는 나만의 책이며, 나를 표현하는 공간이다. 글을 쓰는 순간, 우리는 이미 작가가 된다. 지금이야말로 당신의 이야기를 써 내려갈 때다.

'아, 글에도 연륜이 있구나. 연륜이 깊이를 더하는구나.'

블로그에는 예순 넘어 글쓰기를 시작한 분들이 있다. 그들의 글을 읽으면 감탄과 감동 속에 가슴이 먹먹해졌다. 그들의 글에는 삶의 깊은 성찰과 연륜이 묻어나 있었다. 어느 이웃의 글은 첫 구절만으로도 전율을 일으켰고, 또 어떤 글은 마음 깊은 곳을 건드려 눈물을 흘리게 했다. 그 글들을 읽으며 나도 그런 글을 쓰고 싶었다. 연륜 있는 글을 쓰기 위해

십 년을 기다릴 필요는 없다. 글을 쓰다 보면 깊어지고, 경험이 쌓이며 내 글에도 무게가 더해진다.

처음에는 '내 나이에 글을 쓰는 것이 가능할까?'라는 의심이 가득했다. 예순 넘긴 분들의 글을 보며 확신했다. '오십, 지금이야말로 글을 쓰기에 가장 좋은 나이다.' 글쓰기는 과거를 돌아보며 나를 이해하고, 현재를 기록하며 삶을 정리하고, 미래를 향한 다짐을 남기는 과정이다. 이제는 주저하지 않는다. 오십, 지금이야말로 나만의 '연륜'을 만들어가는 완벽한 때다. 늦추지 말자. 지금부터, 당신만의 이야기를 써 내려가자.

오십에 만드는 기적

책이 나를 살렸다, 이제 당신 차례다

"오늘 나를 있게 한 것은 우리 마을의 도서관이었다.
하버드 졸업장보다 소중한 것은 독서하는 습관이다."

- 빌 게이츠

나를 다시 살게 해준 것은 책이었다. 책을 통해 나 자신을 찾아가는 문을 열었다. 하지만 독서가 처음부터 편하거나 재미있지는 않았다.

"퇴근 후나 주말에는 뭐해?"
"약속이 있거나, 집에 있을 때는 거의 유튜브 봐요."
"주말이나 시간 날 때 유튜브 보지 말고 책 읽어 볼래?"
"네? 아니요. 책 읽으면 졸려요. 잠을 못 자게 되면 그때 읽어 볼게요."

미래를 걱정하는 후배에게 책을 권했더니 돌아온 대답이었다. 나도 처음 독서를 시작할 때는 한 페이지를 넘기기도 전에 졸음이 왔다. 사두기만 하고 쌓아 둔 책이 몇 권 있었다. 나에게 맞지 않는 책을 읽으려 해서 그랬다. 책이 좋다는 걸 알면서도, 마치 건강한 음식이 처음엔 맛이 없는 것처럼 잘 와닿지 않았다. 낯선 음식에 적응하는 시간이 필요하듯, 나에게도 맞는 책을 찾기 위한 시간이 필요했다.

소설책을 먼저 읽었다. 아들이 사춘기를 겪으면서 말수가 줄어들었다. 아들과 대화하고 싶어서 아들이 다니는 논술학원에서 지정해 준 책을 읽었다. 『아몬드』, 『나미야 잡화점의 기적』 등의 소설은 재미있었다. 책을 펼치면 시간 가는 줄 모르게 읽었다. 아들과 대화가 풀리면서 독서의 즐거움도 함께 늘어났다. 다른 장르의 책은 나에게 맞지 않아 읽히지 않았다. 그때는 소설책만 읽어도 충분했다.

마음이 지쳐가고 불면증이 심해지면서 『법륜 스님의 행복』을 집어 들었다. 이때도 몇 페이지만 읽고 마음이 진정되면 멈추곤 했다. 책을 더 읽으려 했지만, 몸이 피곤하니 책에 눈길이 가지 않았다. 그러다 『50대에 시작해도 돈 버는 이야기』를 만났다. 익숙하지 않은 자기 계발서임에도 슬슬 읽었다. "닥치고 독서를 통해 인풋의 시기를 지나 여러 개의 파이프라인을 만들며 아웃풋을 실행했다."라는 책 내용이 나에게 새로운 자극이 되었다. 그때부터 독서에 대한 열정이 불타올랐다.

오십에 만드는 기적

그날 이후부터 주말마다 도서관에 갔다. 도서관에서 회사 일을 하는 날이 많았지만 어떻게든 책을 한 페이지라도 읽었다. 처음에는 손에 잡히는 대로 읽었다. 주로 리더십, 퇴사, 직장 생활에 관한 책이 눈에 들어왔다. 이때까지는 퇴사보다 직장 생활을 더 잘하고 싶은 마음이 컸다. 그 시기만 지나면 다시 괜찮아질 것이라고 믿었다. 마음에 드는 수첩을 따로 마련해 책을 읽으며 필사했다. 가슴에 닿는 글들이 사라지지 않도록 새기고 싶어 애썼다. 나만의 책을 만들어가는 기분이 들었다. 수첩을 가지고 다니면, 아무도 모르는 나만의 보물을 간직한 듯 흐뭇했다. 지금도 필사 수첩은 책 속의 마음을 모은 보물 창고 같다.

옷을 사며 스트레스를 풀던 행동을 멈추고 책을 구매했다. 책을 만질 때면, 좋아하던 예쁜 옷을 볼 때보다 더 큰 기쁨을 느꼈다. 책을 아끼지 않고, 깨끗하지 않게 읽었다. 새 책을 사면 제일 먼저 중간중간 눌러 펴서, 책을 편하게 펼칠 수 있도록 했다. 읽다가 좋은 부분이 나오면 연필로 줄을 긋고, 강렬한 문장에는 형광펜이나 빨간 펜으로 표시했다. 중요한 페이지에는 분류 플래그와 인덱스를 붙였다. 완독 후, 밑줄과 메모가 가득한 책을 보면 뿌듯했다.

독서 초보일 때는 일주일에 책 한 권 읽기가 어려웠다. 책을 처음 펼치면 초반에는 재미있어서 50%까지는 금방 읽었다. 그다음부터는 속도가 느려졌다. 50% 이상 읽은 책은 거의 다 본 것 같아 새로운 책을 펼쳤다. 이렇게 읽었더니 완독하지 못한 책이 쌓였다. 마지막 페이지를 목표로 두고 남은 페이지를 계산하며 읽었더니 부담스러웠다. 읽다 만 책들을 볼 때마다 숙제를 안고 있는 기분이 들었다.

블로그에서 알게 된 온라인 독서 모임을 통해 독서 습관을 바꿨다. 매일 읽을 페이지를 정해두고 그만큼만 읽기로 했다. 일주일에 한 권을 완독하기 위해 매일 사십에서 오십 페이지를 지정해서 읽었다. 한 시간 정도면 충분히 읽을 수 있는 양이었다. 평소 독서에 할애하는 시간보다 적었지만, 일주일에 한 권을 완독하면서 충족감을 느꼈다. 독서가 부담이 아닌 즐거움이 되었다.

새벽 기상을 하며 아침에 삼십 분은 무조건 책을 읽었다. 퇴근 후에도 TV와 핸드폰을 멀리하며 책을 읽다 잠들었다. 책을 읽는 날이 많아지면서, 어지럽던 마음이 차분해졌다. 부정적인 감정을 지우개로 지우듯 지워 나갔다. 그렇게 책을 통해 점점 심신의 안정을 찾아갔다.

처음부터 잘하는 사람은 없다. 책을 받아들이는 데도 시간이 필요하다. 졸릴 때도 읽고, 바빠도 읽고, 피곤해도 읽어야 책에 익숙해진다. 책을 멀리한 순간 다시 집어 들기 어렵다. 책을 읽지 않더라도 늘 가지고 다니며 마음에 남겨 둬야 한다. 그 시기를 견디니 나에게 맞는 책을 보는 눈이 생겼다. 그때까지 기다리면 책에서 답을 찾을 수 있다. 오늘도 한 페이지 넘겨보자.

"어렵게 시작해서 쉽게 살 수 있는 최고의 방법이 독서이다."

- 고명환, 『나는 어떻게 삶의 해답을 찾는가』, 라곰

'나는 누구인가? 나는 무엇을 하고 싶은가? 나는 언제 가장 행복한가?' '책을 읽으면 인생이 쉬워질까? 편해질까? 책에서 답을 찾을 수 있을까?' 이 책을 읽으며 끊임없이 나에게 질문했다. 나를 바라보는 시선이 바뀌었다. 내 삶을 내가 지배해야 한다는 열망이 생겼다. 책 속에서 그 답을 찾아 나가는 여정을 시작했다. 서두르지 않고 천천히 읽으며, 계속 생각하고 질문하고 성장하자고 다짐했다. 그 깨달음은 나를 더 깊은 성찰의 길로 인도했다. 처음 시작할 때만 해도 독서는 어려웠지만, 결국 가장 의지가 되는 친구가 되었다.

"누구도 당신을 바꿀 수 없다. 모두 당신의 책임이다.
왜냐하면 실제로 당신의 인생이 걸려 있으니까."

- 개리 비숍, 『시작의 기술』, 웅진지식하우스

이 책은 나를 옆에서 지켜본 것처럼 정신이 번쩍 들게 했다. 스스로

선택한 인생이었다. 지난날의 후회는 내가 만들었음을 인정해야 했다. 누군가를 향한 불만을 거둬들이기로 했다. 나의 책임이라고 겸허히 받아들이고 반성했다. 온갖 변명들을 떠올리며 합리화해 왔음을 인정했다. '시간이 없어서.', '상황이 나빠서.', '다른 사람들 때문이야.'라는 생각들은 결국 나의 나태함을 가리는 핑계였다. 더는 도망칠 곳이 없었다. 변명하지 말자. 바로 시작해야 했다.

> "그대 죽기 전에 무엇을 남기고 싶은가? 그저 사랑만 하고 가라.
> 그대가 사랑한 것들이 그대를 기억할 수 있도록."
>
> - 김종원, 『글은 어떻게 삶이 되는가』, 서사원

'나는 어떤 삶을 사는 걸까? 글은 삶에 무엇을 더해줄까? 나는 어떤 삶을 써가고 있을까?'

이 책은 많은 영감을 주었다. 읽을수록 내면이 더욱 깊어졌다. 삶의 의미가 더 선명해졌다. 나의 가치를 전하고, 사랑을 나누는 삶을 살고 싶다는 소망이 커졌다. 이 책을 통해 나 자신을 사랑할 때 비로소 다른 이들에게도 사랑을 전할 수 있는 마음이 시작됨을 알게 되었다. 한 번에 다 읽기 아까워 천천히, 오래도록 곱씹으며 읽었다. 페이지를 넘길 때마다 깊이 사색했다. 다시금 가슴이 뛰었다.

오십에 만드는 기적

"사랑합니다. 용서해주세요. 미안합니다. 고맙습니다."

- 조 비테일, 『호오포노포노의 비밀』, 판미동

싫어하는 사람을 감사히 여기려고 연습했다. 이 책을 읽으며 온전히 감사한 마음을 갖고 있지 않다는 사실을 알았다. 타인에게 감사한 마음을 갖기에 앞서, 먼저 나 자신을 진정으로 용서해야 했다. "미안합니다. 나를 용서해주세요." 이 말을 몇 번 말하는 순간, 두 눈에서 눈물이 쏟아졌다. 과거의 나를 떠올리며, 그때의 아픔이 밀려왔다. 용서받지 못한 채 남겨진 나 자신을 마주했기 때문이다. 과거를 후회하지 않는 것과 과거의 나를 용서하는 것은 달랐다. 지나온 모든 날은 나의 선택이었다. 그 책임은 나에게 있었다. "나를 용서하고 과거를 내려놓는다. 다시는 나를 미워하지 않는다. 나를 정화한다." 책을 읽으며 나 자신을 진정으로 치유하고 있었다.

"숨이 곧 넘어갈 것 같아도 이가 없으면 잇몸으로,
다리가 없으면 기어서라도 목표에 도달하려는 자에게 기꺼이 꿈을 내준다."

- 켈리 최, 『웰씽킹』, 다산북스

나를 강하게 끌어당긴 건 저자의 의지와 성공을 향한 뜨거운 갈망이었다. 이 책을 읽는 내내 그러한 마음이 고스란히 전해졌다. 가슴이 뜨거워지고 눈물 흘리며 페이지를 넘겼다. 겪어보지 못한 고난과 역경을 이겨내고, 목표에 도달한 저자의 원동력은 다름 아닌 간절함이었다. 기어서라도 목표에 닿겠다는 꿈을 향한 절실한 갈망이 나를 강하게 깨웠다. 이 책을 읽으며 나에 대한 믿음에 확신이 생겼다. 나도 나 자신을 더 믿고, 더 사랑하며, 내 삶을 더 뜨겁게 갈구하고 싶어졌다. 꿈을 향해 내 마음을 더하고, 또 더하고, 멈추지 않고 채워갈 것이다. 그 열정이 넘쳐 흘러 마침내 온 세상을 가득 채우는 순간이 올 때까지.

"너무 잘하려 하지 마라. 그냥 하면 된다. 인생도 그렇다.
'잘'하려고 하지 말고, '즐'기려고 해라."

- 이하영, 『나는 나의 스무 살을 가장 존중한다』, 토네이도

예전에 정말 잘하려고 애썼다. 회사에서는 누구보다 인정받고 싶었다. '잘한다.'라는 말을 듣고 싶었다. 그래서 최선을 다했고, 완벽을 추구했다. 그것이 나를 지치게 했다. 결국, 퇴사할 수밖에 없었다. 잘하려고 하면 지치고, 대충하려고 하면 용납되지 않았다. 어디서부터 잘못된 건지, 무엇이 문제인지 몰라 많이 고민했다. 이 책에서는 '잘하려고 하지 말라.'라고 말한다. 회사에서도, 집에서도, 모든 순간에 완벽히 하려고 나를 몰아붙였다. 그것이 나를 잃게 했던 거다. 이 책을 읽고 또 많이 달라졌다. '잘'하려고 애쓰지 않는다. '즐'기려고 한다. 신기한 건, 즐기니까

힘들지가 않다는 거다. 온종일 일해도, 열 시간 넘도록 책상에 앉아 있어도 괜찮다. 무리해서 잘하려고 노력하는 게 아니었다. 그저 몰입되고 재미있으니까 진정으로 즐길 수 있었다.

책이 나를 살렸다. '더 잘해야 한다.'라고 다그치느라 죽어가던 내면의 내가 살아났다. 제발 당신도 책을 가까이하길 바란다. 책은 당신을 감싸 안고, 토닥이며, 다시 일어설 힘을 준다. 당신 가슴에 깊이 새겨진 상처를 회복하길 바란다. 이제부터는 그만 아파하자. 책을 펼치는 순간, 당신의 삶도 다시 펼쳐질 것이다.

꿈을 현실로 만드는 공간을 설계하라

"오늘날 나를 있게 만든 것은 도서관이었고,
하버드 졸업장보다 소중한 것이 책 읽는 습관이다."

- 빌 게이츠

예상치 못한 곳에서 평안과 용기를 얻을 때가 있다. 삶은 어떻게 될지 모르는 것이다. 비 오는 날 갈 곳이 없다면 도서관에 가보자. 마음에 따뜻한 공기가 가득 차게 된다. 더운 날은 도서관이 더 좋다. 시원한 공기가 몸을 가볍게 해주고, 행복한 피서를 즐길 수 있다.

내가 다니는 도서관에서는 아마추어 작가의 작은 전시회가 열린다. 어느 날 은퇴 후, 2년 전부터 그림을 시작했다는 초보 화가의 전시회가 열린 걸 보게 됐다. 평소 그림에 관심이 없었기에 지나치려 했지만, 그날은 그림 하나하나를 눈에 담고 싶었다. '이 그림을 그린 사람이 2년 전에 그림을 시작한 초보 화가라니.' 놀라움을 금치 못했다. 제주의 풍경

들. 올레길, 오름, 일몰, 단풍, 눈 쌓인 한라산, 백사장 산책. 그리고 아버지의 마음. 눈물이 났다. 잔잔한 감동이 내 발걸음을 붙잡았다. 그분의 2년과 나의 2년 후를 떠올렸다. 나도 이제 나의 붓을 잡았다. 그 붓으로 앞으로 2년을 내 인생 캔버스에 그린다면 '나도 이처럼 누군가에게 감동을 줄 수 있지 않을까?' 뜻밖의 전시회에서 용기를 얻었다.

　또 한 번 도서관에서 특별한 전시회를 만났다. 2020년 11월, 구십이라는 연세에 그림을 그리기 시작한 할머님의 소박한 전시회였다. 할머니의 자녀가 도서관에서 어린이 동화나 동시 책을 빌려오면, 할머니는 그 책을 읽으며 그림을 그리고 필사를 했다고 한다. 할머니가 책을 읽고 천천히 그림 그리는 모습을 상상하니, 눈물이 흐르고 입가엔 미소가 번졌다. '세상에, 구십에 시작하셨다고? 구순에 시작한 분의 그림이 이 정도라니! 할머니는 얼마나 행복하셨을까? 지금도 그림을 그리며 평안하시겠지.' 할머니의 전시회를 보며 깨달았다. '욕심을 내려놓고 나의 속도에 맞게 살아가는 것, 그것이야말로 중요한 삶의 태도다.'

　나에게 남은 시간이 얼마 없다는 생각이 들 때면 조급함이 나를 다그쳤다. "아직 부족해. 더 해야 해. 한참 모자라." 그럴 때면 재미있던 일들이 부담스럽고 어깨가 무거워졌다. 할머니의 그림에서 배운 것은, 지혜가 쌓이기 위해서는 시간이 필요하다는 것이었다. 그 시간을 견뎌내야 했다. 전시회 덕분에 조급함을 내려놓고 여유로운 마음을 가질 수 있었다. 느리더라도 나만의 감동을 그려보자. 도서관은 이렇게 책을 읽는 곳만이 아닌 색다른 경험을 선사하는 공간이기도 하다.

> "나의 유일한 경쟁자는 어제의 나다.
> 눈을 뜨면 어제 살았던 삶보다 더 가슴 벅차고
> 열정적인 하루를 살려고 노력한다."
>
> - 김수진, 『나는 내일을 기다리지 않는다』, 인플루엔셜

남들의 성과만 눈에 들어올 때가 있다. 그럴 때면 시선은 앞서가는 이들을 쫓아가고, 나는 부족하다는 생각에 사로잡힌다. 아무도 뭐라고 하지 않았는데도 자신감이 사라진다. 중요한 건 다른 이와의 비교가 아니라, 어제의 나보다 더 성장한 나 자신이라는 걸 알면서도 자꾸 흔들린다. 그럴 때면 도서관으로 향한다. 책을 읽으며, 내가 가야 할 길은 남들과 경쟁하는 것이 아니라, 나만의 속도로 나아가는 것임을 다시 깨닫는다. 도서관의 조용한 분위기 속에서, 책을 읽는 사람들의 집중력과 노력은 경쟁의 대상이 아니라 배움의 원천이 된다. 그들의 의지와 몰입을 보며, 나는 나의 길을 묵묵히 걸어야겠다고 마음을 다잡는다.

책을 읽기 시작한 초반에는 이런 생각이 들었다. '성공하는 데 책이 무슨 도움이 되겠어?', '책에서 대체 무엇을 말하고 있는지 모르겠어.' 책을

계속 읽다 보면, 모르는 것들만 보였다. '내가 한참 늦었다.'라는 생각이 들 때도 있었다. 책을 읽을수록 읽은 책은 얼마 없고 읽어야 할 책은 산더미처럼 많아 보이기도 했다. 남들은 빠르게 달려가고 있는데 난 이제야 걸음마를 시작한 기분이었다. 그런 날일수록 독서를 멈추지 말아야 한다.

도서관에는 책을 읽는 사람들로 가득하다. 그 모습을 보면, 세상에 독서가들만 있는 듯 느껴질 때도 있다. 하지만 그들의 시작도 나와 다르지 않을 것이다. 도서관에 가면 깨닫는다. '모두가 같은 속도로 책을 읽는 것은 아니다. 각자의 방식으로 한 걸음씩 나아가고 있을 뿐이다.'

중요한 건 남과 비교하는 것이 아니라, 오늘도 책 한 페이지를 넘기는 나 자신이다. 포기하지 않고 꾸준히 읽다 보면, 어느 순간 나는 더 깊이 있는 사람으로 변해 있을 것이다. 누워만 있던 아기가 걸음마를 배워 점점 달리게 되는 것처럼, 독서도 마찬가지다. 처음엔 더디고 힘들지만, 언젠가 자연스럽게 생각이 자라고 확장되는 순간이 온다. 남과의 비교는 내려놓자. 나만의 열정과 색깔로 세상을 물들여 보자. 도서관과 책이 당신만의 붓이 되어줄 것이다. 우리는 지금까지 회사, 남편, 자식의 스케치북을 채우며 살아왔다. 이제, 당신만의 이야기를 색으로 채워가자. 당신만의 그림을 그릴 시간이다.

아이들이 초등학생일 때까지만 해도, 가족이 함께하는 시간이 많았다. 우리는 큰 테이블을 중심으로 모여 밥을 먹고, 대화를 나누고, 아이들은 그곳에서 숙제하기도 했다. 그 공간은 우리 가족의 소중한 시간이 쌓이던 따뜻한 장소였다. 내 삶이 바빠지면서, 가족과 함께하는 시간이 줄어들었다. 다시 회사에 다니기 시작하면서는 집에 있는 것이 싫어졌다. 집에만 있으면 눕게 되고, 누워 있으면 해야 할 집안일들이 눈에 들어와 오히려 쉬는 기분이 들지 않았다. 그래서 주말이면 주로 아이들과 카페에 갔다. 그곳에서 난 핸드폰을 보다 잠들었고, 아이들에게는 공부하라고 했다. 주말에도 회사 일을 하느라 바빴고, 카페는 아이들이 오랜 시간 집중해서 공부하기에 적합하지 않았다.

그 뒤로는 아이들만 도서관에 보냈다. 아들과 딸을 함께 도서관에 데려다주고, 나는 집에서 쉬었다. 아들이 대학생이 된 후부터는 중학생 딸 혼자 도서관에 갔다. 난 여전히 주말이면 집에서 쉬기만 했다. 딸이 도서관에서 공부하는 동안 나는 집에서 쉬어도 당연하다고 여겼다. 딸이 혼자 공부를 잘하고 있다고 믿었다. 문득 그런 생각이 들었다. '딸은 도서관에서 혼자 공부하면서 어떤 마음이었을까? 그때 함께 도서관에 갔더라면 딸과 더 좋은 추억을 남길 수 있었지 않을까?' 왜 딸 옆에서 함께 책을 읽지 않았을까? 지금 와서 돌이켜보면, 그때 딸과 함께 도서관에 가지 않았던 것이 미안하다.

오십에 만드는 기적

절실하면 다 보인다고 하지 않았던가? 변해야 한다는 생각이 간절해지자, 집중할 수 있는 곳을 찾아다녔다. 카페와 도서관을 여러 군데 다니며 최적의 자리를 찾으러 옮겨 다녔다. 도서관이 문을 여는 시간에 맞춰 가서 원하는 자리를 잡았다. 휴관일이면 나에게 맞는 카페로 갔다. 아이들과 함께 다녔다. 일하고 책 읽고 글을 쓰다 보면 주말이 꽉 찼다. 주말에 쉬지 않아도 피곤하지 않았다. 머릿속이 맑아졌다. 다른 에너지가 채워지는 기분이었다.

밖에서는 도서관이나 카페에서 집중할 수 있었지만, 집에서는 여전히 소파나 침대가 나의 주 활동 공간이었다. 집에 돌아오면 바로 소파에 눕게 되었고, 눕다 보면 어느새 잠에 빠졌다. 그렇게 시간을 흘려보내고 나면, 다시 흐트러진 일상을 붙잡는 게 더 어려웠다. '집에서도 집중할 수 있는 나만의 공간이 필요하다.'라는 걸 느끼게 되었다.

마침 각자의 일정으로 따로 식사하는 날이 많아지면서, 식탁이 창고처럼 변해 있었다. 오랫동안 물건을 쌓아두기만 했던 그 식탁이 문득 눈에 들어왔다. 그 식탁을 침대 옆으로 옮겼다. 책과 노트북을 놓고 나만의 공간으로 꾸몄더니, 비로소 집 안에서도 집중할 수 있는 작은 서재가 탄생했다.

식탁을 방으로 옮긴 후부터는 평일에도 나만의 공간에서 시간을 보냈다. 책을 읽을 때도, 핸드폰을 할 때도, 가정통신문을 정리할 때도 그곳이었다. 새벽에 잠에서 깨면 침대에 머물지 않고 바로 일어나 책상에서 책을 읽었다. 혼자 밥 먹을 때도, 회사 업무 처리할 때도 그곳에서 시간을 보냈다. 그 공간에 있는 것만으로도 집에 오면 생기가 돌았다. 이제는 딸과 나란히 앉아 공부하는 작은 도서관이 되었다.

나만의 공간을 찾으니, 쓸쓸할 틈이 없다. 나에게 맞는 카페, 집중이 잘 되는 도서관, 그리고 우리 집 작은 서재가 기다린다. 아침이 되면 '오늘은 어디서 시간을 보낼까?' 하는 생각으로 하루가 기대로 시작된다. 어디든 좋다. 당신도 자신만의 공간을 만들어 보자. 밖과 집 두 곳에 만들어 두면 더욱 든든할 것이다.

버킷 리스트 중 하나가 만화책으로 가득한 책장을 갖는 것이었다. 아이들이 용돈을 모아 만화책을 사고, 각자의 방을 채워가는 모습을 보며 나도 상상해 본다. 어린 시절, 만화책을 보며 설레던 순간들이 떠오른다. 책장을 가득 채운 만화책 앞에서, 나는 그 시절의 나로 돌아간 듯한 기분이 든다.

우리는 나이가 들면서 조금씩 어린 시절의 꿈을 잊고 산다. 그 꿈들은 사라진 것이 아니다. 여전히 마음 한구석에 남아 있으며, 언제든 다시 꺼내어 펼칠 수 있다. 당신도 집 안에, 어린 시절의 꿈을 다시 만날 수

　　　　　　　　　　　　　　　오십에 만드는 기적

있는 공간을 마련해 보자. 소중히 간직했던 그 꿈을 떠올려 보라. 지금 다시 시작해도 충분하다. 마음이 나이를 먹도록 두지 말자. 당신만의 공간을 만들어, 그 꿈을 실현할 때다.

🎯 오십이여, 지금 당장 도전하라

1. 글을 쓰면 생각이 정리된다. 하루 한 줄이라도 기록하라.

2. 블로그, 독서, 글쓰기는 가장 강력한 성장 도구다.

3. 배움을 멈추지 않는 사람이 결국 성공한다.

4. 내가 쓴 글이 나를 증명한다. 글을 남겨라.

5. 책을 읽고 글을 써라, 그것이 당신을 성장시킨다!

오십에 만드는 기적

5장

오십의 마법

나를 사랑하는 법을 반드시 깨달아라

남의 기준이 아닌, 나만의 삶을 살아라
스스로를 사랑할 때, 진짜 삶이 시작된다

웃어라, 당신의 미소가 가장 강한 마법이다

"인간에게 정말 효과적인 무기가 하나 있다. 바로 웃음이다."

- 마크 트웨인

"안녕하세요!"

아침에 회사에 도착하면 밝은 목소리로 인사했다. 예전 동료 중에는 직급이 있음에도, 지옥에 들어가는 듯한 표정으로 출근하던 사람이 있었다. 이어폰을 꽂고 음악을 들으며 출근한 뒤 자리에 앉으면 그제야 이어폰을 빼곤 했다. 다른 직원들의 인사에도 아무런 반응 없이 지친 모습으로 앉아 있는 그를 보면, 나의 좋은 기운이 빠져나가는 느낌이 들었다. 내 표정이, 다른 사람의 기분에 영향을 미칠 수 있다는 생각이 들었다. 그때부터 억지로라도 웃는 습관을 들이기로 했다. 먼저 인사하고, 먼저 미소를 보였다.

"주니야, 지금 답답하지? 지금 짜증 났구나. 그래도 웃어보자."

내 책상에는 거울이 있다. 일하다가 기분이 좋아지고 싶을 때마다 거울을 봤다. 기분이 안 좋은 순간에는 거울을 더 자주 봤다. 거울 속 나에게 말을 걸다 보면 찡그렸던 얼굴이 미소로 바뀌었다. 기분도 한결 가벼워졌다.

아침에 일어나면 가장 먼저 거울을 봤다. 거울 속 나는 피곤하고 무표정했다. 그때마다 말했다. "오늘은 더 예쁜 표정!" 그러면 나도 모르게 웃고, 거울 속 나도 웃었다. 미소를 짓는 순간, 긴장이 풀리고 불안도 약해졌다. 웃는 얼굴은, 또 다른 미소를 불렀다.

글을 쓸 때도 거울 보며 표정을 점검했다. 기운이 나지 않는 날에는, 일부러 눈을 더 크게 뜨고, 과장된 미소를 지어 보이기도 했다. 그러다 보면 진짜로 웃게 되었고, 더 즐거워졌다. 나는 '거울 공주'다. 이제는 거울만 보면 자동으로 웃는 얼굴이 된다.

당신의 미소는 누군가에게 큰 힘이 될 수 있다. 그 에너지는 결국 자신에게 돌아온다. 당신의 책상에도 작은 거울을 두자. 거울을 보면 어떤 기분이 드는가? 거울 속 나에게 미소와 용기를 주는 첫 번째 사람이 내가 되어보자. 당신의 기분 좋은 아우라는 당신의 주변까지 환하게 한다.

오십에 만드는 기적

미소는 서먹한 분위기를 녹이고, 새로운 관계를 시작하는 열쇠가 된다. 때론 단 한 번의 미소가 날카로운 대립을 부드럽게 만들고, 어색한 공기를 따뜻하게 감싸준다. 미소는 내가 가진 가장 강력한 무기다. 나는 언제나 먼저 미소 짓는 사람이 되기로 했다. 미소 하나면 충분하다. 그 미소가 당신 최고의 무기가 될 것이다.

"와, 즐거운 아침이 시작되었다. 넌 모든 순간 기적이야."

이렇게 에너지를 충전하며 밝은 기운을 유지하려고 노력했다. 이 긍정 에너지를 지키기 위해 세 가지 습관을 실천하고 있다.

하나, 아침에 일어나 거울 보고 웃으며 나에게 인사하기다. 매일 아침 거울을 보며 "좋은 아침! 넌 오늘도 기적이야."라고 주문을 걸었다. 거울이 웃고 있으면 덩달아 기분이 좋아졌다. 하루의 첫 순간부터 긍정 에너지를 채우며, 하루를 더 능동적으로 보낼 수 있었다.

둘, 거울을 자주 보며 웃기다. 글을 쓸 때도, 일하는 동안에도 수시로 거울을 보며 웃었다. 기분을 밝게 유지하기 위해 거울을 자주 보고, 자주 웃었다. 사람들과 대화할 때도 더 많이 웃으려 했다. 먼저 웃는 사람이 되려고 했다.

셋, 잠들고 일어날 때, '긍정이'를 옆에 두기다. 자기 전 "수고했어.", "잘했어."라고 스스로 칭찬하며 하루를 마무리했다. 걱정은 내려놓고, 고단한 하루를 보낸 나를 따뜻하게 다독였다. 악몽을 꾸더라도 "괜찮아. 내일 잘 자면 되니까."라고 스스로 위로했다. 매일 아침 눈을 뜨면 나에게 "사랑해."라는 말을 했다. 피곤한 날도 "좋아, 괜찮아."라고 외쳤다. 어떤 상황이든 기꺼이 받아들이려 했다.

이 세 가지 루틴을 꾸준히 실천하면, 내 삶이 좋은 방향으로 흘러가고 있다는 신호다. 아침마다 자신에게 긍정의 말을 건네며, 거울 속 자신에게 미소를 보내 보자. 그 작은 미소가 하루를 더 단단하게, 더 풍요롭게 만들어 줄 것이다. 이 습관이 몸에 익으면, 몸속에는 긍정의 에너지가 차오른다. 마음속에는 나 자신을 더 아끼고 사랑하는 힘이 자라난다. 당신은 우주에 단 하나뿐인, 소중한 존재다. 그 자체만으로도 충분히 빛나는 사람이다. 오늘도, 자신에게 커다란 미소를 선물하자. 그 미소가 당신을 빛나게 하고, 세상을 더 따뜻하게 만든다. 당신의 미소가 당신 최고의 마법이다. 지금, 활짝 웃어보자!

한 마디 주문으로 인생이 달라진다

"걱정이 바보 같은 짓임을 깨닫고, 오늘을 충실하게 살아야 한다."

- 데일 카네기, 『데일 카네기 자기관리론』, 현대지성

우리는 최악을 미리 상상하며 걱정을 키우고, 병을 키운다고 한다. 그런 부정적인 생각이 우리 삶을 불행으로 몰아간다. 2년 전, 나도 건강검진에서 혈액검사 결과가 나왔는데, 거기서 암과 관련된 혈액 수치가 높게 나온 적이 있었다. 결국, 암 여부를 확인하기 위해 조직검사를 추가로 받게 되었다.

결과를 기다리는 동안, 이미 암에 걸린 사람이 된 듯했다. '수술을 받아야 하나? 입원 동안 애들은 어떻게 하지? 회사 일 처리는 어떻게 해야 하나?' 꼬리에 꼬리를 무는 생각들로 암 확정 진단을 받은 사람처럼 내 마음은 점점 어두워졌다. 사실 의사에게 들은 말은 '암과 관련된 수치가 조금 높으니 조직검사가 필요합니다.'라는 것이었는데, 내 마음은 이미 불안과 초조함으로 가득 차 있었다. 다행히도 재검사에서는 아무 이상

이 없었다.

우리 마음이 병을 키울 수 있다는 사실을 알아야 한다. 너무 걱정하지 말고, 괜찮다고 믿어보자. 마음이 편해지면 몸도 따라 나아진다. 걱정이 깊을수록 우리는 최악을 상상하지만, 반대로 희망을 품을수록 몸과 마음은 스스로 회복하는 힘을 가질 수 있다. 나는 그 사실을 경험했다. 그러니 당신도 불안을 놓고, 더 편안하게 받아들이길 바란다. 우리 몸은 생각보다 강하고, 스스로 나아갈 힘을 가지고 있다.

'아… 오늘도 악몽에 시달리고 겨우 2시간밖에 못 잤네.'
'일을 어떻게 보내지? 힘든 내일이 벌써 두렵다.'
'그 우려가 현실이 되면 어떻게 하지?'

부정적인 생각들이 나를 더 깊은 걱정의 늪으로 빠뜨렸다. 나는 걱정을 사서 하는 사람이었다. 불면증이 심했던 시절, 밤은 나에게 번뇌의 시간이었다. 끊임없이 몰려오는 걱정들이 나를 감옥처럼 가두었다.

'밤이 왜 무서운 거지? 귀신을 본 적이 있었나?'
'악몽을 꾸면 정말로 안 좋은 일이 생겼었나?'

오십에 만드는 기적

그때는 불면증을 마치 훈장처럼 여기며 주변에 말하기도 했다. 하지만 두려움의 실체를 하나씩 마주하면서 조금씩 깨달았다. 돌이켜보니 밤의 무서움은 내가 만든 허상이었다. 창밖에서 들리는 바람 소리는 그저 바람 소리일 뿐이었고, 삐걱거리는 소리는 고쳐야 할 가구에서 나는 소리였다.

밤이 내게 속삭이는 소리는 결코 무서운 게 아니었다. 그것은 세상이 숨 쉬는 소리였다. 깜깜한 밤이 무섭다면 불을 켜면 되는 거였다. 귀신이나 유령 같은 존재를 본 적도 없었다. 불안과 공포는 실체가 없는 감정이었다. 내가 만들어낸 허상에 갇혀 있었다. 걱정을 해결하려 애쓰던 시기를 지나, 걱정을 종이에 적었다. 막상 적고 보니 그 모든 두려움이 생각보다 대단하지 않았다.

'한 시밖에 안 됐는데 깼네. 책을 읽다 보면 다시 잠들 수 있겠지.'
'세 시가 돼도 잠이 안 드는구나. 그럴 수도 있지. 시간 벌었다. 글을 한 편 더 써볼까?'

새벽에 잠이 깨도 핸드폰을 뒤적거리며 나쁜 상상을 하지 않았다. 긍정적인 생각을 떠올리며 상황을 새롭게 받아들였다. 걱정은 어느새 줄어들었다. 밤은 공포가 아니었다.

여행을 갈 때마다 잠자리가 불편할까 봐 미리 걱정했다. 이런 걱정이 여행의 즐거움을 반감시키곤 했다. 그런데 같은 상황을 두고도 받아들이는 태도는 사람마다 달랐다. 큰언니는 "집을 떠나면 불편한 건 당연한 거야. 그러려니 하고 넘겨."라고 말했다. 하지만 작은언니는 "어딜 가든 잠을 못 자니까 여행이 더 피곤해."라며 미리 걱정을 안고 있었다.

나는 작은언니와 비슷한 편이었다. 잠자리 걱정을 하느라 여행을 충분히 즐기지 못한 적이 많았다. 큰언니의 말을 듣고, '그럴 수도 있지.'라고 생각하기 시작했다. 불편함도 여행의 선물이었다. 받아들이니, 여행이 더 자유로워졌다. 여행이 더 즐거워졌다. 어쩌면 인생도 마찬가지일지 모른다. 예상할 수 없는 불편함이 찾아올 때, 미리 걱정하며 지치기보다 "그러려니." 하고 받아들일 수 있다면, 우리는 더 유연하고 너그럽게 살아갈 수 있지 않을까.

"걱정하고 계신가요? 걱정한다고 해결되는 것은 아무것도 없었다.
하하 호호 헤헤! 소리 내 웃으면 걱정도 물러갔다."

- 고도원, 『고도원의 아침편지』, 아이들판

"좋아. 처음이라 그래. 다시 해 보자."
"좋다. 이것도 경험이야."

하루에도 여러 번 부정적인 생각이 떠오를 때면 "멈춰!"라고 외친다. 그리고 "좋다!"라고 긍정 주문을 말한다. 이 주문은 단순하지만 강력하다. 후회, 자책, 좌절을 몰아내는 무기다. 그저 좋으면 되는 거다. 하기 전에 좋고, 좋아서 하고, 하고 나서도 "좋다!"라고 말하는 거다. 그러면 그냥 좋아진다. 우리의 시작은 "좋다."라고 말할 수 있느냐 없느냐, 그것뿐이다.

아침에 눈을 떴을 때, 해야 할 일이 많아도 "좋아!"라고 시작해 보자. 그리고 괴롭히는 생각이 떠오를 때면, 자신을 스스로 걱정 감옥에 가두고 있다는 사실을 알아차려야 한다. 그럴 때마다 "멈춰!"라고 말하며 그 감옥에서 벗어나자. 이 한마디가 하루를 바꾸고, 삶을 바꿀 수 있다. "멈춰!"라고 말하며 부정을 자른다. "좋아!"라고 말하며 나를 즐겁게 세팅한다. 이 주문으로 모든 순간을 맞이한다. 그 안에서 행복을 찾는다.

불면증은 완전히 사라진 건 아니다. 그렇지만 때때로 잠들지 못하는 밤이 찾아와도 이젠 더 이상 두렵지 않다. 그 시간을 괴로워하는 대신 책을 읽고 글을 쓰며 나만의 밤을 온전히 즐긴다. 물론 잠에서 여러 번 깨느라 피곤한 날도 있다. 하지만 모든 건 내가 어떻게 받아들이는가에 달렸다. 억지로 문제를 억지로 없애려 하기보다는, "그러려니." 하고 흘려보내면 새로운 가능성이 열린다. "좋다, 좋아!"라는 주문을 반복하며 나의 하루를 밝힌다. 그러다 보면 어느새 "좋았다."라고 끝맺는 충만한 하루가 된다. 혹시 당신도 불면증이나 걱정 속에서 괴로워하고 있는가?
그렇다면 나처럼 한번 외쳐보라.

"좋다. 좋아!"

감정을 숨기지 말라, 솔직하게 표현하라

"삶의 모든 순간, 즐기고 웃어라.
삶은 견디어야 할 대상이 아니라, 즐겨야 할 대상이다."

- 고든 B. 힝클리

"그 사람 이해 못 하겠어. 너무 별로야."
"첫째가 사춘기야. 요즘 반항이 심해. 화가 나."
"남편은 어제도 술 마시고 들어왔어. 짜증 나."

우리는 일상에서 가족이나 주변 사람들에 대한 불만은 쉽게 꺼내 놓는다. 하지만, 그 속에 숨겨진 진짜 감정은 무엇일까? 남을 평가하고 불만을 이야기하는 것은 쉽지만, 정작 자신의 감정은 솔직하게 말하는 일은 어렵다.

"너는 지금 어떤 감정을 느끼고 있어?"

"무엇이 그렇게 힘든 거야?"

이렇게 질문을 던지면, 대부분은 쉽게 대답하지 못하고 당황한다. 회사에서 나는 늘 밝고 잘 웃는 사람이었다. "멘탈 갑"이라는 말도 종종 듣곤 했다. 겉으로는 강한 척했지만, 속으로는 울었다. '진짜 내 마음은 무엇일까? 내 마음이 원하는 건 무엇이지?' 내면에서는 웃고 싶지 않은 마음이 소리치고 있었지만, 나는 그 마음을 외면했다. 혼자 몰래 울던 날, 지푸라기라도 잡는 심정으로 책을 읽으며 내 마음을 들여다보기 시작했다.

아들의 군대 수료식 날, 아들을 만난 감정을 글로 표현하려 했지만, 적절한 말이 떠오르지 않았다. '설렘, 보고 싶음, 두근거림, 기다림, 울컥함….' 그날의 감정은 하나로 정의할 수 없이 복잡했다. 블로그에 글을 올리고 여러 사람의 댓글을 통해 내가 느꼈던 감정을 더 발견할 수 있었다. '먹먹함, 대견함, 조마조마함, 자랑스러움, 무사 귀환을 바람, 슬픔, 벅차오름, 뭉클함, 감격스러움, 아쉬움, 그리움, 듬직함, 감동, 안도….' 모든 감정이 나를 휘감았다. 여러 감정이 섞여 있던 그 순간을 더욱 가슴 깊이 새겨지도록 만든 감정들이었다.

우리는 보통 기쁨, 즐거움, 슬픔, 화남과 같은 감정을 떠올리지만, 그 안에는 훨씬 더 다양한 감정들이 섞여 있다. 이런 감정을 잘 표현하고

　　　　　　　　　오십에 만드는 기적

있을까? 상대방에게 나의 감정을 굳이 드러내지 않더라도, 나 자신은 내 감정을 알아야 하지 않을까? 상대방의 기분은 살피면서, 나의 마음은 뒤에 감추고 있지는 않은가? 지금 당신의 마음은 어떤가? 표현할 수 있는가? 감정은 내면의 상태를 외부로 드러내는 표현이다. 감정은 우리가 특정 상황이나 경험에 대해 마음속에서 느끼는 것을 보여주는 수단이라고 할 수 있다. 지금 당신의 감정이 무엇인지 알고, 그것을 살펴보는 것은 매우 중요한 일이다.

엄마가 대장암 진단을 받았을 때, 믿을 수 없었다. 놀라움과 충격이 한꺼번에 밀려왔다. 발밑이 꺼진 듯 주저앉을 것 같은 깊은 허탈감이 나를 덮쳤다. 평소 건강을 지키며 살던 엄마였기에 '왜 하필 우리 엄마일까?' 터질 듯한 억울함과 견딜 수 없는 슬픔이 가슴속에서 뒤엉켰다. 생각이 멈춰 버리고, 몸은 땅에 묶인 듯 무거워져 움직일 수도 없었다. '엄마가 병에 걸릴 리가 없어.'라는 부정과 '어떻게 해야 하지?'라는 절망이 뒤섞인 감정 속에서 그저 얼어붙고 말았다. 엄마는 채식 위주의 식단을 했고, 술과 담배는 물론 하지 않았다. 일찍 잠들고 일찍 일어나는 삶이었다. "엄마가 대장암이라니!"

엄마는 힘들다는 말을 한 적이 없었다. 아프다는 말도 하지 않았다. 새벽부터 밤까지 묵묵히 노동하는 시골 농사꾼이었다. 엄마가 하루도 쉬는 날을 본 적이 없었다. 어버이날도, 생신에도 쉬지 않았다. 엄마는 늘 자신의 아픔을 속으로 삭이며 살았다. 고단하고 쉬지 못하는 날도 "사는 게 다 그렇지."라며 아무렇지 않은 척 견뎌냈다. 몸이 아파도 "이 정도는 괜찮아."라며 고통을 애써 숨기는 모습이었다. 엄마는 장남인 아빠와 여섯 형제인 우리를 위해 당신의 모든 것을 희생하며, 그런 삶이 당연하다고 여겼다. 하지만 그런 엄마의 삶이 쌓이고 쌓여, 결국 병이 되어 엄마를 아프게 했다는 확신이 들었다.

어릴 적, 나는 까칠한 성격이었다. 엄마가 나를 키우느라 얼마나 힘드셨을까. 새벽에 일어나 엄마로서 의무를 다하고, 농사꾼의 아내로 제대로 쉬지 못했던 엄마를 볼 때면, '나는 엄마처럼 살지 말아야지. 내가 원하는 대로 살아야지.'라고 다짐했었다. 그런데 엄마의 삶을 닮아가고 있었다. 다만 한 가지 다른 점은, 이제는 밤에 잠도 잘 자고 내가 원하는 대로 살아가려 노력하고 있다는 거다.

아프면 바로 병원에 갔다. 조금이라도 다치면 가족에게 도움을 청했다. 피곤하면 쉬게 해달라고 했다. "난 엄살쟁이야."라며 몸이 아플 땐 참지 않고 표현했다. 하지만 슬픈 마음은 드러낼 수 없었다. 가족에게 내 마음을 어떻게 표현해야 할지 몰랐다. 나도 모르게 슬픔이 쌓였다. 그 슬픔은 나를 잠식해 버렸다. 그때는 죽음과 가까워지는 느낌이 들었

오십에 만드는 기적

다. 살기 위해 나에게 질문했다. "내가 원하는 건 무엇이지?" 이 질문이
나를 돌보는 첫걸음이 되었다. 마음이 울컥할 때, 나는 그 감정을 기록
했다. 감정에 이름을 붙였다. 말로 표현했다. 때로는 울면서 나를 위로
했다. 그렇게 조금씩 내 마음을 돌보고, 나를 회복해 갔다.

오십이 될 때까지 감정을 제대로 표현하지 못하고, 참으며 살아왔다.
가족을 위해 숨기는 것이 당연하다고 여겼다. 그렇게 살아야 한다고 믿
었지만, 감정을 억누르며 사는 것이 얼마나 나를 힘들게 했는지를 이제
는 안다. 오십이 되면 감정이 예전처럼 예민하게 반응하지 않는다. 세상
을 더 넓게 바라볼 수 있는 때다. 감정을 받아들이고, 스스로 편안하게
만드는 시기다. 더는 억지로 참거나 버티지 않고 내 감정을 인정하고 다
독일 줄 아는 나이가 된 것이다.

책을 읽고 글을 쓰면서 조금씩 나의 감정을 알게 되었고, 그 마음을
살피기 시작했다. 스스로 나에게 위로를 했다. 어느 순간 가족들에게도
내 감정을 털어놨다. 아들은 나를 안아주었고, 딸은 아프냐며 약을 주었
다. 남편은 말없이 옆에 있어 주었다. 이제는 마음도 엄살을 부리며 표
현해도 된다고 생각한다. 아픈 마음을 숨겨 곪아버리기 전에 감정을 꺼
내 놓고 있다.

감정을 숨기지 않고 표현하는 것처럼, 도움을 요청하는 것도 자신을 돌보는 방법이다. 나의 감정을 이해받고 함께 나누는 순간, 우리는 진정한 치유를 경험할 수 있다. 도움을 요청하는 건 어떤가? 주변에 민폐가 될까 봐 아무 말도 못 하고 있지는 않은가? 도움을 요청하는 것은 서글픈 일이 아니다. 그것은 부끄럽거나 약한 행동도 아니다. 오히려 지혜롭고 용기 있는 선택이다.

혼자 애쓰지 마라. 모든 걸 혼자 해내려다 보면 결국 자신을 더 지치게 한다. 누구도 내가 혼자 분투하는 걸 알아주지 못한다. 심지어 그것을 당연히 여길 수도 있다. 그런 후에는 억울함과 서운함이 쌓이고, 마음의 상처가 깊어진다. 이 모든 건 내가 자신을 힘들게 만든 결과다. 도움을 요청하는 것은 "나도 당신에게 도움을 주고 싶어요."라는 메시지를 전하는 따뜻한 마음의 교류다.

당신의 주변에는 당신을 도와줄 사람이 분명히 있다. 도움을 요청하지 않아 그들이 당신의 마음을 알지 못했을 뿐이다. 주변 사람들 또한 당신처럼 도움을 요청하지 못하고 있을지도 모른다. 당신은 그들에게 손을 내밀 준비가 되어있는가? 그렇다면, 그들도 당신에게 도움을 줄 준비가 되어있을 것이다

특히 아이들에게는 더 그렇다. 아이들은 부모에게 자신의 가장 약한 모습을 숨긴다. 실망을 안겨주고 싶지 않아서다. 당신은 부모에게 어려

움을 솔직하게 털어놓은 적이 얼마나 있는가? 아마도 많지 않을 것이다. 아이들도 똑같다. 혼자 무서워하면서도 부모에게 도움을 요청하지 않는다고 상상해 보라. 생각만으로도 가슴 아프지 않은가?

나는 아이들에게 도움을 요청한다. "엄마가 지금 슬프거든, 어떻게 하면 좋을까?" 이렇게 물어보면 아이들에게서 예상치 못한 현명한 대답을 들을 수도 있다. 이 과정에서 아이는 부모에게 도움을 줄 수 있다는 뿌듯함을 느낀다. 부모가 도움을 요청했듯, 아이들도 부모에게 도움을 요청할 수 있는 용기를 갖는다. 그렇게 도움을 주고받는 가족은 부모가 이끄는 관계가 아니라 서로가 함께 만들어가는 팀이 된다.

우리는 서로 도움을 주고받으며 살아간다. 이것이야말로 우리 삶의 중요한 감정적 표현이다. 나는 혼자 아파하지 않는다. 주변에 도움을 요청할 줄 아는 사람이 되기로 했다. 내가 기꺼이 손을 내밀 준비가 되어 있다는 사실도 알린다.

이제 당신은 어떻게 할 것인가? 만약 지금 당신이 외롭고 괴롭다면, 솔직히 말해보라. "힘들어요. 도와주세요." 당신도 누군가의 손을 붙잡아줄 준비를 하자. 당신은 절대 혼자가 아니다. 도움을 요청하는 용기는 당신의 감정을 돌보는 방법이다. 당신이 혼자 눈물 흘리지 않기를, 혼자 괴로움의 밤을 보내지 않기를 바란다. 도움을 요청하는 것은 당신의 감정을 지키는 방법이다.

　자신의 감정을 외면하지 말고, 스스로 돌보자. 슬픔이 마음 한구석에
자리 잡고 있다면, 그 감정을 묵혀두지 말고 표현해야 한다. 감정을 숨
기고 혼자 버티려 애쓰지 않아도 된다. 감정을 드러내는 것. 그것이 치
유의 시작이다. 당신은 특별하고 소중하다. 오늘 하루, 자신의 마음을
살펴보자. 스스로 따뜻하게 말해주자 '나는 소중한 사람이다.'

　　　　　　　　　　　　　　　　　　　　　오십에 만드는 기적

좋아서 하는 일에는 노력이 필요 없다

"재미가 없다면 왜 그것을 하는가?"

- 제리 그린필드

"와! 대단하세요. 자전거로 출근하려면 힘들지 않으세요?"

"뭐가 대단해요? 저는 억지로 노력하는 게 아닙니다. 힘들지만 괜찮습니다. 제가 좋아서 하는 거니까요."

아침에 자전거로 출근하는 지인이 있었다. 자전거로 삼십 분 정도 걸린다고 했다. 오르막 내리막이 있을 텐데 출근 동선을 보고 깜짝 놀랐다. 어떻게 그럴 수 있을까? 새벽에 일어날 수 있는 그 사람이 신기했다. 난 자전거를 탈 수는 있지만, 자가용으로 출근한다. '나와는 다르다.'라는 생각을 떨칠 수 없었다. '힘들지만 괜찮다고? 노력하는 게 아니라고? 무슨 말이지?' 나에게는 이상한 나라의 얘기로 들렸다.

"주말에 한라산 올라갔어? 새벽에 일어나기 힘들지 않아?"

"한라산 다녀왔죠. 한라산 가는 날은 네 시에 일어나서 출발했어요. 괜찮아요. 한라산 올라가는 거 쉬워요. 한라산 정상에서 백록담을 보잖아요. 정상에서의 세상은 환상이에요."

'주말마다 한라산 등반할 수 있다고? 새벽에 일어나는 게 좋다고? 체력을 타고나서 그런 거겠지. 잘하니까 계속하는 거겠지. 한라산은 멀리서 보기만 해도 충분해. 그 어려운 등반을 새벽에 일어나 굳이 할 필요가 없지.'

주말마다 한라산을 등반하는 후배가 있다. 주말에 등반을 마치고 월요일에 아무렇지 않게 출근한다는 사실도 믿기지 않았다. 겉으로 보기엔 그리 단단해 보이지 않는 후배가 한라산 등반을 한다는 말을 쉽게 했지만, 이해할 수 없었다. '나와는 달라. 체력도, 마음가짐도 타고났을 거야.'라고 생각했다. 새벽에 일어나 등반을 한다는 사실 자체가 부러우면서도 나에게는 먼 나라 이야기로 들렸다.

지인과 후배를 보면서, 그들의 강인함에 감탄했다. 그들에겐 어려운 일이 아니라고 했지만, 나는 도저히 이해할 수 없는 세계처럼 느꼈다. 매번 나에게 이렇게 말했다. '나는 그들과 달라. 그렇게 할 수 없어.' 어느 날부터, 그들의 모습이 자꾸 떠올랐다. '나와는 다른 세상인가? 멀기만 한 이야기일까? 그들처럼 나도 할 수 있을까?' 처음엔 그저 스쳐 지나갔지만, 자주 떠올랐다. '그들과 나는 정말 다를까?' 어느새 마음 한구석에 자리를 잡았다. 그렇게 시작된 질문이 나를 조금씩 변화시켰다.

처음에 책을 펼치면 하품부터 했지만, 지금은 밥을 먹듯 독서를 하지 않으면 마음이 배고프다. 달리기는 '못 한다.'를 셀 수도 없이 반복하다 시작했는데, 이제는 뛰지 못하게 된 날이면 몸이 근질거린다. 무릎 통증으로 달리기를 못 했을 때는 하루가 제대로 시작되지 않은 기분이었다. 꿈에서도 생각해 본 적이 없는 매일 글을 쓰는 삶을 살고 있다. 이런 날 저런 날, 많은 날 속에서도 하루도 빠지지 않고 꾸준히 했다. 쉬는 날은 없었지만, 하루를 마칠 때면 뿌듯함이 가슴을 가득 채웠다. 내일 아침을 기다리는 설렘으로 눈을 감았다. 아침에 눈을 뜨는 순간, '오늘도 내가 좋아하는 일을 할 수 있구나.'라는 생각이 나를 기분 좋게 일어나게 했다. 매일 아침이 감사하고 벅차다.

지인이나 후배가 했던 말이 이제야 가슴 깊이 와닿는다. "좋아하는 것을 할 때는 그것이 노력이 아니라 삶이 된다." 독서, 달리기, 글쓰기. 이 세 가지는 내 삶을 움직이는 힘이고, 나를 나답게 만들어주는 가장 소중한 것들이다. 책을 펼쳐 한 줄 한 줄 읽으며 지혜를 쌓는 즐거움, 달리며 바람을 느끼는 자유, 글을 쓰며 마음을 기록하는 뿌듯함. 이 모든 순간이 내 하루를 빛나게 한다.

매일의 반복 속에서도 지루하지 않다. 어제보다 더 충만한 오늘이 쌓인다. 하루가 끝날 때면 가슴 깊이 뿌듯함이 차오르고, 새벽을 맞이할 때면 벅찬 설렘이 밀려온다. 어제보다 나아진 나를 만난다. 오늘을 온전히 살아갈 수 있는, 기회가 주어졌다는 것에 감사한다. '해야 할 일'이 아니라, '하고 싶은 일'로 가득한 삶. 이제 내 하루는 그저 흘러가는 시간이 아니라, 나를 더 나답게 만들어가는 가장 소중한 선물이다.

오십에 만드는 기적

오늘을 살아라, 지금 이 순간이 선물이다

"자넨 지난 일과 다가올 일을 너무 걱정하고 있어.

어제는 역사요. 내일은 미스터리. 하지만, 오늘은 선물이라.

그래서 오늘을 현재(present)라 하는 걸세."

- 영화 〈쿵푸팬더〉

어제는 지나갔고 내일은 알 수 없지만, 오늘은 선물이다. 그래서 오늘을 현재(present)라고 한다는 말을 떠올려 본다. 바뀐 것은 없다. 단지 내가 달라졌을 뿐이다. 내가 달라짐으로써 모든 것이 달라졌다. 그 마음의 변화는 새벽의 찰나에서 시작되었다. 새벽에 일어나 해뜨기 전, 밖으로 나가 달리기하는 찰나, 같은 장소에서 하늘을 보며 한라산의 모습을 담는 찰나에서 말이다.

해가 뜨는 쪽 하늘과 마주 보는 쪽 하늘이 다르고, 어제의 하늘과 오늘의 하늘이 다르다. 우리의 삶도 그렇다. 같은 날에도 오전과 오후는 다르고, 일 분 차이로 상황은 완전히 달라질 수 있다. 책을 읽기 전의 나와 읽은 후의 내가 달라지듯, 어제의 나와 오늘의 나는 다르다. 우리는 찰나의 변화 속에서 살아가고 있다.

모든 것이 버거워서 고개를 숙인 채 아래만 보고 다녔다. 신비로운 제주의 아름다움도 느끼지 못했다. 일상이 버거워 힐링이 필요할 때는 비행기를 타고 육지로 떠나곤 했다. 그때는 일상을 벗어나야만 힐링이 된다고 생각했다. 요즘은 꼭 그렇게 해야만 힐링이 되는 것은 아니라고 생각한다. 육지에서 돌아와 제주에 도착해 비행기에서 첫발을 내디딜 때, 저 멀리서 불어오는 바다 냄새와 제주 특유의 공기가 나를 반긴다. 그 안도감은 분명 좋다.

내가 존재하는 곳에서 편안함을 느끼고, 감사의 마음을 갖는 것. 그것이 힐링의 시작이라는 것을 알게 되었다. 힐링은 일상에서 고개를 들어 새로운 것을 바라보는 것이 시작이었다. 여행을 떠나야만 힐링이 되는 게 아니었다. 내 주변에 늘 있었던 것들이 힐링의 요소라는 걸 깨달았다. 당연하게 여겼던 내 주변을 어떤 눈으로, 어떤 마음으로 바라보느냐에 따라 힐링은 달라졌다. 결국, 마음의 변화가 힐링이었다.

제주에서의 삶도 마찬가지였다. 제주 날씨는 변덕이 심하다. 아침엔 맑았다가도 오후엔 비가 오고, 햇빛이 나다가도 금세 바람이 몰아친다. 제주시엔 비가 오지만 서귀포시엔 햇빛이 쨍쨍할 때도 있다. 그래서일

오십에 만드는 기적

까, 날씨가 변덕스러워도 "그런가 보다." 하고 웃어넘겼다. 비가 내리면 그 속에서만 느낄 수 있는 아름다움을 즐기고, 비가 그친 후에는 더 청명해진 하늘을 만끽했다.

이제는 하루하루가 어떻게 펼쳐질지 알 수 없지만, 그 불확실함 속에서 기대를 품는다. 오늘, 나에게 가장 좋은 일이 일어날 것이라 믿는다. 2025년 5월, 한라산 등반을 계획하고 있지만, 그것이 어떻게 될지는 모른다. 중요한 것은 그 목표를 향해 나아가는 과정이다. 한 걸음씩 내딛는 순간이 쌓여, 결국 내 삶을 완성해 간다. 어쩌면 결과보다 더 중요한 것이 오늘을 살아가는 태도일지도 모른다.

삶은 우리가 무엇을 들이고, 무엇을 내보내는지에 따라 달라진다. 내가 좋아하는 사람, 내가 좋아하는 일들만 내 마음에 들이기로 했다. 반대로 나를 괴롭히는 생각과 불안은 내 마음에서 내보내기로 했다. 수시로 마음을 비우고 정리하며 하루하루를 힐링하고 있다.

오늘의 선물을 감사히 받고, 마음의 방에 시원한 바람을 들이며 살아간다. 우리의 인생은 계획대로 흘러가지 않는다. 하지만 그 과정에서 자신을 믿고 성장하는 법을 배운다. 어떤 일이 일어나든, 그것을 나를 위한 과정으로 받아들일 수 있다면, 그 경험이 먼지 같은 작은 성공으로 쌓여 결국 산을 이룰 것이다.

"주니야, 요즘 어느 쇼핑몰 옷이 예뻐? 어디서 사 입어?"

"나? 요즘 옷 안 사. 어디가 괜찮은지 몰라."

"네가 옷을 안 산다는 말이야?"

맘에 드는 옷을 입으면 기분이 좋아져 쇼핑을 즐기며 스트레스를 풀던 나였지만, 지금은 달라졌다. 필요 없는 소비를 하지 않는다. 책을 읽고, 글을 쓰고, 달리기하며 소비하는 삶보다 내면을 가꾸는 삶을 살고 있다. 쇼핑 대신 책을 읽고, SNS 대신 블로그에 글을 남기며, 아침 운동으로 내 삶을 충만하게 만드는 변화. 오늘을 소중히 여기는 태도. 나를 흔들던 상황 속에서도 오늘의 여유를 찾고 있다.

퇴사 후 불확실한 미래를 두려워하며 억울한 눈물을 흘렸던 내가, 이제는 나만의 세상에서 나만의 방식으로 오늘을 살아가는 방법을 찾고 있다. 회사 밖에서는 평범한 아줌마였던 내가, 지금은 세상을 다르게 바라보고 있다. 이 책이 나오고 일 년 후 나는 또 어떤 날들을 보내고 있을까? 그날을 기대하기보다는, 오늘을 충실히 살아가는 것이 더 중요하다. 어제는 지나갔다. 미래는 아직 오지 않았다. 오늘이 바로 나에게 주어진 가장 소중한 선물이다. 1년 후의 내가 오늘의 나를 돌아보며 "참 잘살았어, 고마워!"라고 말할 수 있는 하루를 만들자. 오늘을 온전히 살아가자. 매 순간을 내 삶의 최고의 순간으로 만들자.

오십에 만드는 기적

미치도록 간절한 목표가 삶을 만든다

"목표를 종이에 적으면 실현된다.
다시 한번 반복하겠다. 종이에 적으면 실현된다."

- 간다 마사노리, 『비상식적 성공 법칙』, 생각지도

"제가 목표 문장을 백 일 동안 백 번을 썼거든요. 정말 이뤄질 거라고 기대했죠. 아무 일도 일어나지 않았어요."

책에서 배운 방법을 실천했지만, 기대했던 변화가 없었다고 말하는 사람이 있었다. 여러 책에서 소개된 방법인데 왜 효과가 없었을까? 긍정확언을 매일 외치고, 목표 문장을 반복해서 쓰는 행위가 정말 무의미한 걸까? 아니다. 문제는 진정으로 원하는 목표를 찾지 않았다는 것이다.

진짜 목표를 찾는 과정이 필요하다. 목표는 당신의 마음 깊숙이 울림을 주는 '진짜'여야 한다. 가슴이 뜨거워질 정도로 원하는 목표 말이다.

그 울림이 없으면 어떤 방법도 효과를 발휘하지 못한다. 이루고 싶은 목표를 적을 때는 이것저것 막연히 적기보다는 미래의 당신이 어떤 모습이길 바라는지 깊이 고민해야 한다.

삼 년 후, 오 년 후, 십 년 후의 당신은 어떤 모습인가? 처음에는 하나의 목표부터 시작하자. 여러 개를 적기 시작하면 혼란스러워지고, 어릴 적 하던 받아쓰기가 되고 만다. 어떤 문장이든 상관없다. 중요한 건 완벽한 문장이 아니라 매일 쓰는 과정이다. 다른 내용이어도 괜찮다. 하루 한 문장을 적으며, 그 목표를 떠올릴 때 드는 감정을 살펴보라. 두근거리는가? 설렘을 느끼는가? 아무 감정도 느끼지 못한다면 그것은 진짜가 아니다. 당신의 마음을 움직이는 목표를 찾는 여정이 여기서 시작된다.

진짜 열망은 무의식에 새겨진다. 반복해서 쓰다 보면 진짜 원하는 목표는 일상에서도 자연스럽게 떠오르게 된다. 간절함이 스며들고, 행동으로 옮기고 싶어질 것이다. 매일 쓰는 힘이 당신을 바꾼다. 매일 쓰는 행위는 단순한 반복이 아니다. 그것은 당신이 진짜 원하는 목표를 찾아가는 과정이다.

나는 매일 적으며 총 열다섯 개의 목표를 찾았다. 그 문장을 볼 때마다 심장이 뛰고, 상상만 해도 전신에, 전율이 흐르며 에너지가 솟아난다. 특히, 가장 간절한 목표를 읽을 때면 나도 모르게 목이 메고, 눈시울이 뜨거워진다. 한 글자, 한 글자를 천천히 되뇌며 그 모습을 떠올릴 때면, 그 순간이 현실이 된 듯 가슴 깊숙이 벅차오른다. 잊고 지냈던 희망이 살아 숨 쉬고, 목표를 향한 갈망이 온몸을 뒤흔든다. 이 목표야말로 내가 존재하는 이유이며, 나를 앞으로 나아가게 하는 가장 강력한 추진력이다.

당신만의 목표를 찾아야 한다. 진정한 목표는 당신의 가슴을 뛰게 하고, 온몸이 그 방향으로 움직이게 만든다. 남들에게 보여주기 위한 자랑이나 부모님의 기대를 반영한 목표는 백 번을 써도 의미가 없다. 첫사랑을 만났을 때처럼 가슴이 두근거리고 세상이 더 빛나 보이는 그런 목표 말이다.

아이가 태어나는 순간 처음 손을 잡고 느꼈던 벅찬 감정처럼, 당신의 목표가 눈앞에 그려질 때마다 가슴이 먹먹해지고 눈물이 핑 돌아야 한다. 그런 목표여야 한다. 생각만으로도 삶에 대한 열정이 피어나고, 그 목표를 향해 달려가고 싶어지는 뜨거운 마음이 당신을 움직이게 한다. 지금 두 손을 가슴에 얹고 눈을 감아보라. 무엇이 떠오르는가? 마음을 차분히 가라앉히고 당신의 진짜 목표를 찾아보자. 그것은 이미 당신의 마음속에서 손길을 기다리고 있다.

"목표를 이루기 위해 내가 지금 할 수 있는 것은 무엇인가?"

진정으로 원하는 목표를 찾았다면 이제부터, 그것을 심장에 새겨야한다. 매일 목표를 쓰고, 목표가 이루어진 미래를 그려야 한다. 그 이루고 싶은 것이 당신을 설레게 하고, 열망을 불러일으키며, 진정으로 사랑하게 될 때까지 다듬어라. 나는 이 과정을 통해 삶에서 가장 소중한 가치를 발견했다. 이제 목표를 이룬 자기 모습을 떠올려 보자. 눈을 감고 상상해 보자. 마음이 뛰고 에너지가 솟는가? 그것이 당신을 앞으로 나아가게 할 것이다. 목표가 진짜라면 멈추지 말아야 한다. 매일 쓰고 매일 소리 내어 읽어야 한다.

한 번의 생각으로 끝난다면, 그 목표는 점점 희미해지고 결국 잊게 된다. 매일 쓰고 읽으며, 당신의 목표에 연료를 계속 채워 넣어야 한다. 그 연료는 자신에게 던지는 끊임없는 질문이다. 이 질문은 목표를 무의식에 새기고, 단기 목표와 구체적인 하루 계획을 세우는 데 도움을 준다. 자신을 향한 질문은 당신이 행동하도록 이끄는 강한 힘이다.

> "그것을 매일 볼 수 있도록 가까운 곳에 붙여 놓아야 한다.
> 누구나 꿈을 꿀 권리가 있고, 기적과 만날 자격이 있다.
> 기적은 결코 멀리 있지 않다."
>
> - 켈리 최, 『파리에서 도시락을 파는 여자』, 다산북스

목표가 우리의 삶을 이끈다. 나는 나만의 목표 다이어리를 항상 곁에

오십에 만드는 기적

둔다. 다이어리에는 오 년 후, 삼 년 후, 일 년 이내의 목표, 그리고 오늘 해야 할 일이 적혀 있다. 내 책상 앞 벽에도 붙어 있다. 매일 밤 두 번씩 소리 내어 읽는다. 잠결에도 무의식 속에서 되새긴다. 아침에 일어나 다시 손으로 적는다. 그때마다 가슴은 뜨거워진다. 이 목표들은 나를 앞으로 나아가게 하는 나침반이자, 내 삶을 변화시킨 결정적인 시작점이다.

"매일 한 문장을 적어보세요. 같은 문장이어도 되고, 다른 문장이어도 됩니다. 며칠이 지나도 계속 떠오르고 가슴속에서 뜨거운 불길처럼 타오른다면, 그것이 바로 당신의 진짜 목표입니다. 그 목표를 이루는 날까지 매일 확언하고 당신을 믿어야 합니다."

목표를 매일 적었지만 아무 일도 일어나지 않았다고 말했던, 그 사람에게 내가 해준 조언이다. 그 사람은 지금 어떤 삶을 살고 있을까? 그리고 당신은 지금 어떤 목표를 찾고 싶은가? 당신의 목표를 떠올려 보라. 그것이 당신에게 어떤 감정을 불러일으키는가? 눈물 나도록 간절한가? 이제 바로 다이어리를 펴고 첫 번째 문장을 적어보라.

🎯 오십이여, 지금 당장 도전하라

1. 나를 사랑하는 순간, 인생이 변화하기 시작한다.

2. 남과 비교하지 마라. 당신의 삶은 오직 당신의 것이다.

3. 감정을 솔직하게 표현하라. 진짜 나로 살아라.

4. 좋아하는 일을 하라. 열정이 삶의 원동력이 된다.

5. 당신의 삶을 소중히 여기고 즐겨라!

오십에 만드는 기적

6장

오십의 완성

지금이 가장 좋은 때다

나이 드는 것이 두려운가? 아니다. 지금이야말로 가장 완벽한 때다!

불안할수록 더 치열하게 살아라

"때를 놓치지 말라. 사람은 이것을 그리 대단하지 않게 여기기 때문에 기회가 와도 그것을 잡을 줄 모르고 때가 오지 않는다고 불평만 한다."
- 앤드류 카네기

삶은 끊임없이 선택의 연속이다. 우리는 매 순간 안정된 삶을 유지할 것인지, 아니면 새로운 도전을 받아들일 것인지 고민하며 갈림길에 선다. 서로 다른 환경에서 각자의 길을 걷고 있는 친구와 나는, 불안과 도전이라는 공통된 감정을 통해 많은 것을 배우고 나눴다.

"퇴사하고 요즘은 어떻게 지내?"
"새벽 네 시에 일어나서 열 시간에서 열다섯 시간을 책상에 앉아 책 읽고, 글도 쓰고 있어."
"뭐라고? 그렇게 했더니 뭐가 나왔어? 그렇게 열심히 해도 당장 돈을 버는 건 아니잖아. 괜찮아?"

"지금은 돈을 못 벌지. 그래서 더 치열하게 준비하고 있어. 돈은 결과적으로 따라오는 거라 믿거든. 지금은 나를 단단히 만드는 시간이야. 내 삶의 토대를 만드는 데 집중하고 있어."

"대단하다. 나는 불안해서 당장 돈을 벌어야만 했을 거야."

"불안감이 없다고 하면 거짓말이야. 나도 불안해. 하지만 불안하면 불안할수록 더 열심히 해야 한다는 생각을 해. 불안은 내가 성장해야 한다는 신호인 거지."

불안 속에서도 계속 배우고 성장했다. 이유는 단 하나, 미래의 나를 믿기 때문이다. 십 년 뒤, 이십 년 뒤, 지금의 선택을 옳았다고 말할 수 있기를 바라며 부단하게 하루하루를 쌓아가고 있다.

"왜 직장을 다시 찾지 않아? 지금이라도 돌아가면 되잖아."

"그렇게 되면 나는 다시 내가 원하지 않는 삶으로 돌아가게 되는 거야. 내가 꿈꾸는 미래를 위해 지금 이 길을 선택했어."

"그런 선택을 한다는 게 쉽지 않아. 너는 어떻게 이런 결정을 내린 거야?"

"예전에는 직장인의 삶이 안전한 선택이라고 생각했어. 이제 깨달았지. 그게 아니더라고. 안정이라는 틀 안에 갇혀 있으면 내가 하고 싶은 걸 못하겠더라고. 더 중요한 건, 내가 정말 하고 싶은 일을 할 때 얻는 행복감이 더 크다는 사실이야."

오십에 만드는 기적

"그래도 나는 당장 안정이 필요하니까. 나랑 너는 삶의 방식이 조금 다른 것 같아."

"맞아, 우리는 각자 다른 삶을 살고 있어. 서로가 진정으로 원하는 삶을 선택하면 되는 거야."

우리 각자의 삶은 달랐다. 친구는 현재 건설업에서 자신이 좋아하는 일을 찾았다.

"나는 건축주들과 소통하면서, 인테리어에 대한 나의 꿈을 조금씩 실현하고 있어. 그 과정이 재미있어."

"좋아하는 일을 하면서 돈도 벌고 있다니 정말 멋지다. 나는 아직 그런 걸 찾는 중이야."

"그래도 너는 꾸준히 준비하고 있잖아. 나는 지금 즐겁긴 하지만, 이 일이 십 년 후에도 계속될지는 모르겠어."

친구의 이야기를 들으며 그녀가 현재를 충실히 살고 있음을 느꼈다. 반면 나는 미래의 지속 가능성을 고민하며 나아갔다. 두 방식 모두 가치 있는 선택이었다.

"너는 미래를 준비한다고 했지만, 그게 불확실하잖아. 결과가 보장된 것도 아니니까."

"물론 불확실하지. 하지만 다시 취업하고 직장인으로 돌아가더라도 길어야 예순까지 할 수 있잖아. 예순 이후가 더 불확실한 거지. 그때는 뭘 할 수 있을까? 지금 준비하지 않으면, 그때는 아무것도 할 수 없을 것 같아. 나는 백 살까지 살 거야. 그때까지 할 수 있을 일을 하고 싶어."

친구의 질문에 답하며, 내 선택을 돌아보았다. 미래는 늘 불확실하다. 나는 지금을 희생하는 것이 아니다. 지금을 충실히 살면서 또 다른 가능성을 열고 있다. 지금의 선택이 나의 삶을 더욱 풍요롭게 해줄 것이라 믿는다.

오십 이후의 삶이야말로 가장 중요한 선택을 할 시기다. 남이 정해놓은 길을 걸어가지 마라. 내가 원하는 삶을, 내가 원하는 방식으로 만들어갈 수 있는 나이가 바로 오십이다. 불안은 언제나 함께할 것이다. 그 불안을 피하지 말아라. 자신을 성장시키는 밑거름으로 삼아라. 당신은 어떤가? 오십 이후의 삶은, 바로 지금부터다.

오십, 이 나이가 인생의 절정이다

"나이 들어서 열정이 사라지는 것이 아니라,
열정이 사라져서 나이가 드는 것이다."
- 카르멘 델로피체

지금이, 가장 좋은 때다. 서른 넘어 나이를 먹을 때마다 한숨을 쉬었다. 거울 속에서 늘어가는 주름을 볼 때마다, 내가 아닌 것 같아 슬펐다. 나이 드는 게 싫었다. 젊음이 유지되기를 바랐다. 블로그에 올린 내 글을 읽은 사람들이 말했다.

"주니님, 글에서 젊음이 느껴져요. 싱그럽네요."

주름 가득한 얼굴을 가진 내가 싱그럽다니. 그 말이 신기하면서도 반가웠다. 젊음은 나이와 외모만으로 말할 수 있는 게 아니었다. 삶을 대하는 태도, 마음속 열정, 그것이 진짜 젊음이었다. 다시 젊게 살고 있었다.

"우와. 그걸 어떻게 아셨어요?"

"내 나이 되면 저절로 알게 돼요."

요즘 자주 하게 되는 말이다. 나보다 열 살, 스무 살 어린 사람들과 대화하다 보면, 세월이 쌓아준 경험의 무게를 실감한다. '연륜'이라는 단어가 낯설지 않다. 나이 헛먹는 게 아니었다. 그동안 살아오면서 겪은 모든 일이 지금의 나를 만들었다. 과거의 나는 부족했지만, 세월이 나를 단련시켰다. 서두르지 않아도, 욕심내지 않아도 된다. 세상에 베풀고, 사랑하고, 나누는 삶이 더 행복하다는 것을 안다. 나이 드는 것이 즐겁다.

> "나이를 먹을수록 세상을 바라보는 분별력과
> 삶에 대한 애착이 깊어지는 것이다."
>
> - 발타사르 그라시안

십 대의 나는 친구들의 무리에 속하기 위해 눈치를 봤다. 이십 대의 나는 노는 게 가장 좋았다. 세상이 떠나가도록 웃고 떠들었다. 삼십 대는 결혼하고, 아이를 낳고, 가족을 위해 고군분투했다. 사십 대에는 더 나은 엄마가 되고 싶었다. 세상을 조금 알았다는 착각 속에서 살았다. 오십이 되었다. 가만히 생각해 보니, 나를 위해 살아본 적이 없었다. 지금은 아이들이 자라서 엄마의 돌봄이 필요하지 않다. 시댁에도, 남편에

오십에 만드는 기적

게도 예전만큼 많은 신경을 쓰지 않아도 된다. 회사도 떠났다. 내 삶에 오롯이 '나'만 남았다. 처음에는 낯설었다. 한 번도 '나만을 위한 삶'을 살아본 적이 없으니까. 지금이야말로, 나를 위한 시간이다. 마음을 나누는 사람, 밝은 에너지를 퍼뜨리는 사람, 그리고 나만의 가치를 창조하며 살아가는 사람이 되고 싶다. 나를 위해 살아도 되는 시간 속에 있다.

착각했다. 오십 대가 되어 새로운 길을 가려면, 모든 것을 처음부터 다시 시작해야 한다고 생각했다. 사십 대에 이룬 것이 없기에 오십에 새로운 길을 걸어갈 자신이 없어 초라했다. 지나온 세월을 헛되이 보냈다고 자책했다.

하지만 그렇지 않았다. 내 삶의 기반은 오십이 되기 전부터 이미 다지고 있었다. 사십 대에, 거울을 하나 만들었다. 경험과 배움을 통해 삼십 대에는 그 거울의 재료를 모았다. 사십 대에 이르러서는 그 거울을 만들었다. 오십 대에 들어서면서부터는 그 거울을 닦으며 빛을 발하고 있었다. 거울이 빛나자, 내 삶도 같이 빛났다. 그 빛은 나를 비추고, 나의 방향을 보여주었다. 그동안 내가 쌓아온 것들을 비로소 제대로 볼 수 있게 되었다.

하나, 삶을 조리하는 실력: 요리를 하듯이, 삶을 준비하는 능력이 생겼다.

둘, 탄탄한 마인드셋과 태도: 흔들리지 않는 마음가짐이 만들어졌다.

셋, 여유로운 지혜: 아이를 키우고, 후배를 이끌면서 성숙해졌다.

넷, 관계의 기술: 사람들을 더 깊이 이해하고, 문제를 해결하는 힘도 커졌다.

오십은, 가장 좋은 때다. 오십이 넘어가면 내 시간이 많아진다. 가족을 위해 희생하며 나를 돌볼 겨를이 없었던 이전과 달리, 오십은 나를 위한 시간이 열린다. 이제는 진정한 나를 찾을 수 있는 나이다. 무엇보다, '경험'이 자산이 된다.

하나, 웬만한 일에는 화가 나지 않는다.

둘, 문제가 생겨도, 해결책을 바로 찾아낼 수 있다.

셋, 조급함을 내려놓을 줄 안다.

넷, 내 삶에서 중요한 것을 바라볼 수 있는 시선이 있다.

오십이 되니 알겠다. 흔들렸던 마음도, 타인의 시선을 의식했던 것도, 스스로 자립하지 못했던 것도, 그 모든 게 자연스러운 과정이었다. 그 시절의 나는 후회 속에 갇혀 있었던 게 아니었다. 씨앗이 자라 제대로 된 열매를 맺기 위해, 세상이 주는 모든 것을 받아내는 과정이 필요했다. 나를 찾아가기 위해 익어가는 중이었다. 그렇게 견디고, 자라고, 성

오십에 만드는 기적

장해 지금의 내가 되었다.

"내 나이 예순일곱이에요. 주니님은 아직 젊죠. 한창이에요."

얼마 전, 블로그 이웃이 내게 말했다. 그분의 나이를 떠올려 본다. 그분에게 아직 많은 시간이 남아 있다면, 나에게는 그보다 더 많은 시간이 남아 있다. 지금 시작해도, 그때 이루어도, 충분하다. 머뭇거릴 이유가 없다. 지금이야말로, 가장 좋은 때다. 나는 매일 이렇게 외칠 것이다.

"지금이 정말 좋다! 이 나이가 최고다!"

매일 그렇게 외치며, 새로운 도전을 시작한다. 지금이 바로, 내 인생에서 가장 젊다. 주저하지 마라. 지금 시작해도, 충분하다.

가슴 뛰는 선택을 하라

"당신의 삶, 당신의 성공, 당신의 행복은 모두 당신 손에 달렸다.

기억하라 누구도 당신을 구해줄 수 없다."

- 개리 비숍, 『시작의 기술』, 웅진지식하우스

"나는 평범하게 살고 싶지 않아."

어릴 적엔 남들과 다르게 살고 싶었다. 자라면서는 평범하게 살았다. 비슷한 직장 생활, 반복되는 일상, 큰 기대 없이 흘러가는 하루하루. 남들이 말하는 '보통'의 삶을 살면서도, 늘 마음 한구석이 불편했다. "사는 게 다 그렇지, 뭐." 친구들을 만나면 늘 하는 말이다. '정말 그런 걸까? 이대로 흘러가는 게 맞는 걸까?'

마흔 넘으면 이직이 어렵다는 말을 뒤로하고, 오십에 퇴사했다. 가슴 뛰지 않는 삶, 날마다 똑같다고 말하는 지루한 삶. 평범함 속에서 '보통'

이라는 이름으로 안주하고 싶지 않았다. 평범하게 살고 싶지 않았으나, 보통으로 살아왔던 나는, 이제 가슴이 설레는 삶을 향해 손을 내밀고 있다. 당신은 가슴 뛰는 삶을 선택할 준비가 되었는가?

과거, 육지에서 살 기회는 몇 번 있었다. 본사 근무 제안, 서울에서 직장 생활을 해 보라는 권유, 부산지점 발령. 그 기회를 잡지 않았다. 어릴 적 연극과 뮤지컬을 좋아해 한 달에 한 번씩 서울에 가면서도, 서울에서 정착할 생각은 하지 않았다. '역시 나는 제주 사람이지.', '나는 제주 삶이 맞아.' 그렇게 나 자신을 설득하며 제주에 머물렀다. 솔직히 말하면, 그건 '선택'이 아니라 '두려움'이었다. 잘난 사람들이 넘쳐나는 곳에서 내가 버틸 수 있을까? 자신이 없었다. 그래서 머물렀다. 제주도가 좋아서가 아니라, 내 한계를 마주치고 싶지 않아서였다.

지금 와서 '그때 다른 선택을 했다면 어땠을까?' 이 질문은 의미가 없다. 중요한 건 지금이다. 부족했던 나를 인정하면 된다. 다르게 선택하면 된다. 이제부터는 '내가 할 수 있을까?'라는 생각을 하지 않기로 했다. 대신, 이렇게 질문할 것이다. "이 선택이 나를 설레게 하는가?", "나는 이것을 진심으로 즐길 수 있는가?" 그 질문에 "예"라고 답할 수 있다면, 주저하지 않을 것이다.

꼭 새벽에 일어나지 않아도 된다. 자신만을 위한 시간을 가지면 된다. 나는 그 시간으로 새벽을 선택했다. 어떤 시간이든 상관없다. 새벽이든, 밤이든, 주말이든 하루 한 시간은 미래를 위한 시간으로 써보라. 독서는 반드시 하길 바란다. 어떤 책이든 상관없다. 매일 한 페이지라도 읽는 삶은, 작은 성공을 차곡차곡 쌓아가는 과정이다. 운동도 마찬가지다. 걷기, 달리기, 산책, 헬스 등 어떤 방식이든 좋다. 힘들다면 산책이라도 매일 해 보라. 그렇게 하면 세상이 얼마나 빠르게 흐르고, 삶이 얼마나 경이로운지 새삼 깨닫게 될 것이다.

무엇보다, 자신을 믿어야 한다. 당신은 당신이 생각하는 것보다 훨씬 강한 사람이다. 당신이 지나온 길을 돌아보라. 얼마나 많은 순간을 견뎌 왔는가? 얼마나 많은 고난 속에서도 버텨냈는가? 결국, 그 모든 걸 견뎌내고, 여기까지 오지 않았는가? 당신은 당신이 상상하는 것보다 훨씬 더 많은 걸 해낼 수 있다.

지금 당신 앞에는 두 가지 길이 있다. 하나는 여전히 주저하며 현실에 안주하는 길이고, 또 하나는 용기 내어 새로운 삶을 향해 나아가는 길이다. 어떤 길을 선택할지는 당신의 몫이다. 한 가지 확실한 건, 당신 자신을 믿는 순간, 모든 것이 달라진다는 것이다. 완벽하지 않아도 된다. 시작하기만 하면 된다. 시작하면 나아갈 수 있다. 당신의 가능성을 믿어라. 당신은 이미 그럴 자격이 충분하다. 당신 가슴이 뛰는 삶을 향해 첫걸음을 내딛어라.

지금 시작하라, 내일은 없다

*"지금 이 고리를 풀지 못하면 우리는 이 오리 떼 속에서 영원히
'오리가 되지 못하는 오리'가 되고 말 것이다."*

- 구본형, 『익숙한 것과의 결별』, 을유문화사

　퇴사는 선택의 문제일 뿐이다. 꼭 회사를 그만둬야만 하는 것은 아니다. 하지만 지금의 안정을 포기할 수 없다고 해서, 영원히 그 자리에 머물러 있어야 하는 것은 아니다. 우리는 오랫동안 직장인의 생활이 정답이라 믿으며 살아왔다. 특히 오십 이후, 익숙한 길을 벗어나 새로운 선택을 한다는 것은 두려운 일이다. 그 두려움에 갇혀 변화를 미루다 보면, 남은 인생을 준비할 기회조차 사라진다. 지금 당신이 해야 할 일은 단 하나다. 안정이라는 착각의 고리를 끊어내는 것이다.

　회사는 나와 다를 뿐이다. 직장 생활을 하면서, 나는 회사의 틀 안에 맞춰 살아야 했다. 회사는 나를 길들이려 했고, 그것이 부당하게 느껴졌

다. 지금도 그 생각은 변함없다. 이제는 안다. 회사가 틀린 것이 아니라, 단지 나와 맞지 않았을 뿐이다. 회사는 내게 다시 일할 기회를 줬다. 내 능력을 인정해줬다. 그 덕분에 경제적인 여유도 누릴 수 있었다. 그러나 나는 회사 밖의 세상에서 나만의 길을 만들기로 했다.

"회사는 여전해요."

가끔 예전 동료들에게서 연락이 온다. 늘 피곤한 모습으로 그들을 만날 때면, 안쓰럽기도 하다. 나만 해방된 것 같아 미안하기도 하다. 그들 중 누군가는 어쩔 수 없이 남아 있고, 또 누군가는 자기만의 목표가 있어 남아 있을 것이다. 나는 퇴사를 강요하려는 것이 아니다. 한 가지는 말하고 싶다. 회사에서 인정받는 것이 전부라는 착각, 회사에 있으면 괜찮을 거라는 오판은 하지 않길 바란다. 당신이 삼 년 후에도 같은 자리에 있다면, 어떤 모습이 그려지는가? 그 모습이 당신이 원하는 삶인가?

만약 그때 회사가 나에게 적당히 타협했다면? 나를 강하게 몰아붙이지 않았다면? 억지로 길들이려 하지 않았다면? 지금도 그곳에서 찌든 얼굴로 일하고 있을 것이다. 견딜 만한 지옥에서 벗어나 진짜 지옥의 문을 열게 해준 회사에 감사한다. 그 지옥에서, 나는 꽃을 피우고 나무를 키우고 있다. 내가 어떻게 하느냐에 따라, 내 세상은 지옥이 될 수도, 천

오십에 만드는 기적

국이 될 수도 있다. 우리가 만들어가는 천국에 당신도 함께하기를 소망한다. 자, 나와 함께하겠는가?

지금, 당신은 무엇을 하고 있는가? 핸드폰을 들여다보고, TV를 켜고, 인터넷의 유혹에 빠져 시간을 흘려보내고 있는가? '내일'이 있다고 생각하는 순간, 이미 늦었다. "내일부터, 다음에, 언젠가."라고 미루지 않길 바란다. 나도 그랬다. 고명환 작가가 사고로 죽을 고비를 넘긴 후, 독서로 삶의 방향을 찾았다는 기사를 보았다. '좋은 이야기네.'라고 생각했을 뿐, 다음으로 미뤘다. 가수 박진영이 십 년 넘게 실천해 온 루틴과 모든 비결을 공개한 방송을 보았다. '그렇구나.' 하고 넘겼다. 그 비결을 직접 실천하지는 않았다. 나중에 해도 된다는 생각을 무수히 많이 했다.

그렇게 시간이 흘렀다. 결국, 미룰 수 없는 순간에 닿았다. 매일 울며, 비참한 순간이 되어야 비로소 시작했다. 이미 그런 순간을 겪었다고 생각하는가? 아니다. 지금까지 견딜 만했으니 변하지 않은 거다. 당신은 '견딜 만한 지옥'인지도 모르고 여기까지 왔다. 이젠 알아야 한다. 언젠가, 견딜 수 없는 날은 반드시 온다. 그 순간이 오기 전에, 시작하기를 바란다.

모든 순간이 소중하지만, 우리는 쉽게 방심한다. 놓치기도 하고, 스스로 흘려보내기도 한다. 이 글을 쓰는 지금은 그 소중함을 느끼지만, 잠시 후면 또 잊어버릴지도 모른다. 책을 읽고, 글을 쓰는 건 어쩌면 약해지는 마음을 붙잡기 위한 행위일지도 모르겠다. 이 순간만큼은 흘려보내지 않고 간절히 붙잡고 싶다.

타인의 시선 속에서 머물러 있는 건 아닌지 점검한다. 어릴 적, 나만의 생각으로 가득했던 자유로움을 떠올려 본다. 남들처럼 사는 것이 정답일까? 나이가 들수록 더 슬펐던 건, 타인을 의식하기 시작하면서부터였다. 좋은 집, 좋은 차, 남들에게 '잘나가는 사람'으로 보이고 싶다는 욕망이 생겼을 때부터 나는 불행해졌다.

처음에는 그 욕망이 잘못되었음을 알았을 것이다. 시간이 흐르면서 "남들처럼 다 그렇게 사는 거지."라는 핑계로 나 자신을 위로하며 깊이 빠졌다. 그 '남들처럼'이라는 말은 단지 내 불안을 감추기 위한 핑계였다. '오리가 되지 못하는 오리' 같은 나를 위로하려는 하찮은 변명일 뿐이었다. 다시, 사색을 시작한다. 책에 마음을 기대어 나를 돌아보고, 나를 향한 질문을 던진다. '나는 지금 어디로 가고 있는가?' 그 질문은 아프지만, 그 덕분에 나는 조금씩 성장하고 있다.

실패는 성공의 어머니라고 하지만, 실패를 겸허히 받아들이는 것은 어렵다. 나는 실패했다. 받아들인다. 이제는 실패를 두려워하지 않는다.

오십에 만드는 기적

나만의 길을 선택했고, 한 걸음씩 나아가고 있기 때문이다. 눈을 감고 상상해 본다. 인생의 문이 열린다. 앞으로 나아갈 길이 펼쳐지고, 한 손에 붓을 들고 있다.

길을 넓히고, 내가 좋아하는 화사한 색을 입힌다. 길옆에는 꽃과 나무를 심고, 따뜻한 햇살이 부드럽게 내리쬔다. 여전히 곳곳에 거친 돌이 있고, 예상치 못한 비바람도 있다. 나는 붓을 들어 그 돌을 감싸고, 비바람이 지나가도록 길을 다듬는다. 그 길 위에 중간중간 벤치를 놓는다. 가다가 힘들면 잠시 쉬어가려 한다. 이 길을 그리는 사람은 바로 나다. 이젠 타인이 그린 길을 걷지 않는다. 나는, 내 인생의 화가다.

머뭇거릴 시간이 없다. 기다릴수록 기회는 멀어지고, 두려울수록 시작해야 한다. 완벽한 순간은 오지 않는다. 시작하는 순간이 최고의 타이밍이다. 내일이 아닌, 바로 지금이 움직일 시간이다. 내일은 없다. 지금 당장, 당신만의 길을 그려라.

나를 부르면, 내가 응답한다

"내가 그의 이름을 불러 준 것처럼 나의 이 빛깔과 향기에 알맞은 누가
나의 이름을 불러 다오 그에게로 가서 나도 그의 꽃이 되고 싶다."

- 김춘수, 『꽃』, 찾을모

"주니야, 사랑해."

처음 내 이름을 불렀을 때, '사랑해.'까지 가지도 못했다. 입술을 떼자
마자 가슴이 저릿했다. 생각지도 못한 감정이 벅차올랐다. 눈물이 터져
나왔다. 오랫동안 굳게 닫혀 있던 문이 삐걱거리며 열리더니, 그 안에
묵혀 있던 응어리들이 한순간에 쏟아져 나오는 듯했다. '나는 얼마나 나
를 외면하며 살아왔던가?' 타인의 이름은 수도 없이 불렀으면서, 정작
내 이름은 한 번도 부른 적이 없었다. 타인의 기대에 맞추고, 타인이 부
르는 대로 응답하며 살아왔다. 사랑하는 사람들에게 다정한 말을 건네
면서도, 나에게는 따뜻한 한마디를 건네지 않았다. 나는 언제 마지막으

오십에 만드는 기적

로 나에게 "괜찮아."라고 말했을까? "잘했어."라고 다독였을까?

살면서 얼마나 많은 순간을 버텨왔던가. 힘들어도 애써 참았다. 속이 시려도 아무렇지 않은 척했다. 남들 앞에서는 괜찮은 사람처럼 보이려 했다. 웃으면서도 속으로는 무너질 듯한 순간들이 많았다. 그런데도 한 번도 나를 향해 "너, 정말 애썼어."라고 말해준 적이 없었다.

그날, 처음으로 거울을 보며 나의 이름을 불렀을 때, 모든 것이 선명해졌다. 늘 누군가가 나를 위로해 주길 기다려왔지만, 정작 가장 필요한 것은 내가 나를 위로하는 것이었다. 세상 누구보다도 나를 이해할 수 있는 사람은 결국 나 자신뿐이었다. 이제야 알겠다. 그동안 얼마나 나를 외롭게 했는지를. 이제부터라도 나를 더 아껴야 한다는 것을.

거울 속 자신의 얼굴을 보며, 이름을 불러야 한다. "사랑해."라고만 말하는 것과 "주니야, 사랑해."라고 자신의 이름을 직접 부르며 말하는 것은 전혀 다르다. 입술을 떼는 순간, 깊숙이 숨어 있던 내가 조용히 눈을 떴다. 거울 속 나와 내 안의 내가 서로를 부르며 서서히 맞닿았다. 나를 부르는 목소리가 내 밖에서 울리는 것인지, 내 안에서 퍼지는 것인지조차 알 수 없었다. 경계가 흐려졌다. 외부의 내가 내면의 나를 찾는 것 같기도, 내면의 내가 외부의 나를 불러내는 것 같기도 했다. 타인이 내 이름을 부를 때와는 전혀 다른 느낌이었다. 그것은 잊고 있던 나를 다시 불러내는 소리였다.

"주니야, 사랑해."
"주니야, 고마워."

매일 새벽마다 거울을 보며 나를 불렀다. 내가 나를 부르면, 나는 나에게로 다가갔다. 이름을 부르는 것만으로도 나를 위로하고, 다독이고, 믿어주고 있었다. 이름을 부르는 순간, 나는 나를 인정했고, 더 깊이 사랑하게 되었다. 내 이름을 여러 번 불렀다. 부르는 톤에 따라서도 느낌이 달랐다. 어느 날은 내가 나를 불렀다. 어느 날은 어린 시절의 내가 나를 부르는 듯했다. 어떤 날은 엄마가 나를 부르는 것 같은 느낌이 들기도 했다. 내 내면 깊숙이 있던 '진짜 나'가 오랫동안 기다리고 있었다.

나는 이제 나를 부른다. 누군가가 다독여주길 애타게 바라지 않는다. 내가 나를 가장 먼저 부른다. 내 목소리로, 내 온기로, 내 존재를 직접 불러내어 따뜻하게 안아준다. 아무도 알아주지 않아도 괜찮다. 나의 아픔을 알고, 나를 위로할 수 있는 사람은 바로 나다. 세상의 시선보다, 나의 목소리에 귀를 기울인다. 실수해도 괜찮다. 부족해도 괜찮다. 있는 그대로의 나를 받아들인다. 나를 가장 잘 이해하는 사람은 결국 나 자신이다.

오십에 만드는 기적

내가 나를 부르는 것이야말로, 세상 그 누구보다 나를 가장 깊이 이해하고 아껴주는 것이다. 그것은 나를 향한 가장 다정한 다짐이자, 온전한 사랑의 증거였다. 언제든 외롭다고 느껴질 때, 흔들릴 때, 위로가 필요할 때, 나의 이름을 부르면 된다. 나에게로 돌아가 다시 시작하면 된다. 나의 이름을 부르면 이젠 울지 않는다. 나를 의심하지 않는다. 나를 믿는다.

거울을 보며 내 이름을 부르고 직접 "사랑해"라고 소리 내어 말해야 보자. 그 말이 내 귀에 들어오고, 내 마음에 닿는 순간 변화를 경험할 것이다. '사랑한다고 생각하는 것'과 '사랑한다고 말하는 것'에는 큰 차이가 있다. '나를 사랑해야지.'라고 생각하는 것만으로는 부족하다. 내가 나를 사랑한다는 사실을 내 귀로 직접 듣게 해주자. 그 말을 듣는 순간, 내 안의 내가 응답할 것이다.

세상에서 나에게 100% 사랑을 줄 수 있는 사람은 오직 나 자신뿐이다. 우리는 자신을 스스로 돌보고, 믿고, 사랑해야 한다. 자기 자신을 진정으로 사랑하는 것이야말로 내 삶의 근원이자 가장 깊은 위로다. 자신을 눈물나게 사랑하기를 진심으로 소망한다. 거울을 보고, 당신의 이름을 부르며 말해주라. 당신의 꽃을 피워라. 그 꽃을 가장 먼저, 가장 깊이 사랑해주라. 그 사랑이 당신의 꽃을 더 깊이 뿌리내리게 하고, 풍성하게 피어나 아름다운 향기로 퍼져나가게 할 것이다.

"○○야, 사랑해."

오십에 만드는 기적

🎯 오십이여, 지금 당장 도전하라

1. 불안은 기회다. 불안할수록 더 치열하게 살아라.

2. 오십, 이 나이가 인생의 절정이다. 지금부터가 진짜다.

3. 가슴이 뛰는 선택을 하라. 그 선택이 삶을 바꾼다.

4. 내일을 기다리지 마라. 지금 시작해야 한다.

5. 나를 부르고, 그에 응답하라. 나를 변화시키는 것은 결국 나다!

에필로그

처음 이 책을 쓰기 시작했을 때는 오직 나를 위한 마음이었다. 내 안에 쌓여 있던 감정을 정리하고, 힘들었던 그 마음을 글로 녹이고 싶었다. 글을 쓰다 보면 얼어붙은 마음이 서서히 따뜻해질 것 같았다. 몇 달동안 글을 써 내려가면서 처음에는 나를 위한 기록이라 생각했지만, 어느 순간부터 주변 사람들이 떠올랐다. 외롭다고 말하는 친구, 어떻게 변해야 할지 모르겠다며 답답해하는 친구, "나이가 들수록 더 힘들어지는 것 같아."라고 한숨짓는 친구, "변화는 아무나 되는 게 아니야."라며 망설이는 친구, "앞으로 뭘 하면서 살아야 할지 모르겠어."라며 막막해하는 친구… 그들의 고민이 나에게 스며들었다

나는 그들을 위해 한 문장, 한 문장을 썼다. 오늘은 누구를 위해, 내일은 또 누구를 위해. 그렇게 마음을 담으며 글을 써 내려갔다. 한 친구가 떠올랐다. 그 친구는 내가 미라클 모닝으로 불면증을 고치고, 달리기로 체력을 단련한 걸 안다. 하지만 정작 자신은 "나도 해봐야지."라고 말하

오십에 만드는 기적

면서도 실천하지 않았다. 대화를 나누다 보면, 나에게 "넌 대단해."라고 말하면서도, 정작 자신은 어디엔가 붙잡혀 있는 듯했다. 도대체 무엇이 그 친구를 가로막고 있는 걸까? 그 친구가 내 책을 읽고, 그 '무언가'를 잘라내고 시작할 수 있기를 바랐다. 그 마음을 글에 담았다.

그다음으로는 작은언니가 떠올랐다. 작은언니는 나보다 책을 더 많이 읽은 사람이다. 나는 언니에게 블로그를 추천하고, 글을 써보라고 권했다. 돌아오는 대답은 늘 같았다. "응, 생각해 볼게." 나는 내 책 속에 언니를 위한 마음을 담기로 했다. 언니에게 설명하듯이, 언니가 내 책을 읽고 그대로 실천하기를 바라는 마음으로 썼다. 불면증으로 고된 밤을 보내는 언니에게 안정과 평안을 주는 글을 쓰고 싶었다. 언니가 내 책을 읽고 나처럼 글쓰기를 시작하길 바랐다.

그리고 큰언니. 장녀로 태어나 육 남매를 챙기며 살아온 큰언니. 그녀는 언제나 묵묵했다. 큰언니가 마흔 넘어 연극을 시작했을 때, 눈물 나게 응원했다. 십 년 넘게 무대에 서고, 극단을 만들고, 인형극으로 아이들에게 감동을 전하는 그녀. 큰언니는 나보다 글을 더 잘 썼다. 나는 언니가 내 책을 읽고, 치매였던 시어머니를 삼 년 넘게 직접 모셨던 이야기를 책으로 남기기를 바랐다. 언니가 살아온 삶 자체를 하나의 기록으로 남기길 바랐다. 이 마음도 글에 담았다.

군대에 있는 아들. 작가가 꿈인 아들에게, 엄마가 먼저 작가가 된다고 말했을 때, 아들은 신기한 듯 웃었다. 나는 아들에게 부끄럽지 않은 책을 쓰고 싶었다. 아들이 내 책을 읽고, '엄마처럼 살고 싶다.'라고 생각할 수 있을까? 아들이 전역했을 때, 엄마의 길을 따라 작가의 길로 들어서기를 바랐다.

그리고 회사에서 함께했던 후배들. 나는 그들을 그리워하며 이 글을 썼다. 아직도 그 애들을 생각하면 미안한 마음이 크다. 일에 치이고 야근에 시달리면서도 묵묵히 버텨내던 후배들. 나는 그 애들에게 이 책을 통해 야근에 치이고 지쳐도, 하루 한 줄이라도 책을 읽고 때로는 글을 써보라고 말하고 싶었다. 지금은 고단한 하루에 지쳐 있더라도, 언젠가 돌아봤을 때 '그때 책을 읽기 시작하길 잘했다. 글을 쓰기 시작하길 잘했다.'라고 말할 수 있기를. 이 책이 그들에게 작은 쉼표가 되기를 바라는 마음이 컸다.

그러다 문득, 내가 모르는 한 사람이 이 책을 읽을지도 모르겠다는 생각이 떠올랐다. 나와 직접 마주한 적은 없지만, 그는 어딘가에서 이 책을 읽으며 자신의 삶을 돌아볼지도 모른다. 그는 새로운 시작 앞에서 망설이고 있을지도 모른다. 그런 그에게 내가 할 수 있는 것은 단 하나, 진심을 담아 이야기를 전하는 것뿐이다.

오십에 만드는 기적

나는 참 욕심이 많다. 처음에는 나를 위해 이 책을 썼지만, 어느새 글이 나를 넘어 내가 사랑하는 사람들에게 닿기를 바라게 됐다. 이 글이 작은 울림이 되어, 누군가의 마음속에 변화의 물결을 일으킬 수 있다면 얼마나 기쁠까. 단 한 사람이라도 좋다. 이 책이 그의 삶에 작은 빛이 된다면. 잊고 있던 자신을 다시 바라보게 한다면. 멈춰 있던 걸음을 한 발 내딛게 만든다면 그것만으로도 나는 세상에서 가장 행복한 사람이 될 것이다. 이 책을 읽은 당신에게 참 고맙다.

우리는 모두 저마다의 길을 걸어가고 있다. 때로는 길을 잃기도 하고, 때로는 멈춰 서기도 한다. 멈춤은 끝이 아니다. 방향을 찾기 위한 시간이다. 다시 일어서기 위한 과정일 뿐이다. 나는 이 책이 당신에게 그런 쉼표 같은 존재가 되길 바란다. 마지막으로 당신에게 이 말을 전하고 싶다.

"괜찮습니다. 지금까지도 충분히 잘해왔고, 앞으로도 잘 해낼 당신을 믿습니다. 당신의 새로운 시작을 응원합니다."